Musik allein genügt

Dominik Šedivý

Musik allein genügt

Von den Voraussetzungen für musikalisches Erleben

HOLLITZER

Dominik Šedivý: *Musik allein genügt.*
Von den Voraussetzungen für musikalisches Erleben
Hollitzer Verlag, Wien 2022

Coverfoto: „A hidden pathway to the Moon" (2020),
Fotografie von Adrian Borda

Covergestaltung: Nikola Stevanović
Satz: Daniela Seiler
Hergestellt in der EU

Alle Rechte vorbehalten
© Hollitzer Verlag, Wien 2022
www.hollitzer.at

ISBN 978-3-99094-037-2

Inhalt

Einleitung 7

Über musikalisches Erleben und wie man es verhindert 17

Tabula rasa 35

Liebe zur Musik 51

Sehnsucht 65

Musik und Religion 79

Demut 91

Routine 111

Melodie 125

Tempo 143

Bewegung und klangliche Zeitlosigkeit 155

Reduzieren 167

Literaturverzeichnis 175

Mit der Ausübung unseres Berufes dienen wir aber einer höheren Macht, die man Kultur, Geistesleben oder den Sinn einer höheren Welt nennen mag, deren höchste Gipfel ins Transzendentale, Unbegreifliche, Unpersönliche, Göttliche hinaufragen.
(Edwin Fischer)

Einleitung

Das Erbe der Musik ist ein einzigartiges Zeugnis der Vielfalt und Tiefe menschlicher Kultur. Im Ausdruck ihres Fühlens, Glaubens und Denkens haben Menschen zu allen Zeiten mit Musik Güter von bleibendem geistigem Wert geschaffen, deren Bedeutung wir heute zu vergessen in Gefahr laufen. Der entscheidende Wert von Musik besteht allerdings weder in der kulturellen Vielfalt, die sie bekundet, noch liegt er in der Geschichte, die sich in ihr abbildet. Er besteht auch nicht in der oft großen intellektuellen Komplexität der musikalischen Kunstwerke oder im hoch entwickelten Fortschritt handwerklicher Fertigkeiten, den sie erfordert. Der übergeordnete und unserer Wahrnehmung dennoch ganz und gar zu entschwinden drohende Wert von Musik besteht vielmehr darin, dass sie uns ein Jahrhunderte überdauerndes Zeugnis von einer vollkommeneren Welt als der irdischen gibt, die uns näher und wirklicher erscheint als die Realität, die wir um uns herum wahrnehmen. Musik vermag in uns ein Sehnen zu wecken, ähnlich wie es einst ihre Schöpfer beseelt und inspiriert haben mag: ein Sehnen nach einem in unserem Inneren verborgenen Lieben, das größer ist als wir selbst.

Der ethische, den Menschen erziehende und bildende Charakter der Musik ist seit alten Zeiten bekannt. Doch obgleich wir dies grundsätzlich wissen und auch im Rahmen einer formalisierten Ästhetik und Musikphilosophie anerkennen mögen, ist das eigentliche Verstehen dieses Sachverhalts eine ganz andere Kategorie: Wenn wir meinen, etwas zu verstehen, weil wir vielleicht eine begriffliche Definition und eine historische Einordnung besitzen, wissen wir oft nicht, dass das wirkliche Verstehen nicht nur im Erfassen bloßer Sachverhalte liegt, sondern maßgeblich auch in der Qualität des Erlebens und Erfahrens. Die Überheblichkeit unserer vermeintlichen Wissenskultur besteht darin, dass sie nicht zugleich auch Erlebenskultur ist. Darin liegt ihre Hohlheit begründet – und zugleich auch ihre Tragik. Wir mögen Kenntnis von etwas besitzen, haben jedoch keinen wirklichen Anteil daran. Unser Wissen bleibt somit aber unbeseelt und ohne wirkliche Erkenntnis. Das bewusste „Durchleben" und tief gefühlte Erfahren von Musik – nicht an der Oberfläche des Effekts oder des Rausches von Ereignis und Event – haben wir heute vielfach verloren. Wir verweigern uns darüber hinaus allem äußerlich nicht Extremen, allem Unscheinbaren und meinen schließlich, das Höchstmögliche vollständig in unserem Besitz zu haben, obgleich sich uns noch nicht einmal die kleinste Wirklichkeit erschließt: Die Sonne zu sehen und den Donner zu hören, erfordert keine außergewöhnliche Sinneskraft. Tiefe in der Musik bedeutet hingegen Feinsinnigkeit und Leidenschaft bis in das unscheinbarste Detail. Aus diesem Grund wird das Wiedererlangen einer seelischen Verwurzelung von Musik im einzelnen Menschen die vorderste Aufgabe eines jeden, der sich ernsthaft mit ihr auseinandersetzt und einen geistigen Anspruch von Kunst anerkennt. Diese Wurzel von Musik im Seelischen führt aber in einen Bereich des Inneren, der auch über die Grenzen der eigenen Subjektivität hinausweist.

Tief empfundenes Erleben ist keine wissenschaftliche Kategorie und auch keine philosophische. Dadurch wird es für einen einzelnen Menschen subjektiv nicht unbedeutender, aber es wird nur schwer bis gar nicht objektivierbar. Folglich kann das vorliegende Buch nur sehr begrenzt den Anspruch erheben, eine konsistente Philosophie darzustellen, ja, überhaupt akademisch zu sein oder auch Neues zu vermitteln, gerade wenn sie das innere Erleben von Musik in den Mittelpunkt rückt. Denn abgesehen von der im Allgemeinen viel zu häufig ignorierten Tatsache, dass es Dinge gibt, die für den jeden noch so leichten Widerspruch regelrecht gewohnheitsmäßig fliehenden menschlichen Verstand nur schwer nahbar sind, fehlt es dem musikalischen Erleben ganz grundsätzlich an einer der wichtigsten Voraussetzungen für das mögliche Gelingen eines Diskurses, nämlich an Intersubjektivität: Es lässt sich kein allgemeiner Standpunkt definieren, auf dem sich zwei Personen mit ähnlichen Erfahrungen zwangsläufig austauschen könnten. Subjektiv Erlebtes ist eben nicht reproduzierbar wie eine naturwissenschaftliche Versuchsanordnung, besonders dann nicht, wenn dieses Erleben vielleicht den Erfahrungshorizont manch anderer Menschen überschreitet. Und der Ort wiederum, an dem betroffene Menschen einander begegnen könnten, ist mit den Mitteln der Sprache allein nicht so weit mitteilbar, dass ein Austausch notwendig stattfinden könnte, erst recht nicht einer, der intellektuellen Ansprüchen vollständig gerecht werden würde: Zwei Personen können hinsichtlich des „in" und „durch" Musik Erfahrenen zwar derselben Meinung sein – im Allgemeinen wie auch im Detail –, aber niemals müssen sie es notwendigerweise sein. Sie könnten, was häufig genug geschieht, mit ähnlichen Worten völlig Unterschiedliches meinen oder ebenso auch dasselbe mit derart verschiedenartigen Begriffen auszudrücken versuchen, dass sie vielleicht selbst zur Ansicht gelangten, sie seien sich in wesentlichen Punkten uneins, selbst dann, wenn sie es eigentlich nicht wären.

Wenngleich dieser Umstand für viele Themen gilt, so trifft er auf Musik als eine Form von Kunst in gesteigertem Maß zu. Denn da Kunst als eine Sache, die über das rein Intellektuelle auch hinausragt, nie durchweg logisch sein muss, stößt man bei ihr notwendigerweise auch immer wieder auf charakteristische Ungereimtheiten und Widersprüche. Es würde beim Sprechen über Kunst der ganzen Sache selbst und ihrer Substanz sogar zuwiderlaufen, wollte man zugunsten einer vereinfachten Systematisierung alle vermeintlichen Diskrepanzen ausmerzen. Gerade für den Umgang mit Musik (und Kunst im Allgemeinen) wäre es doch eigentlich wesentlich, unter anderem mit Widersprüchen und Unvereinbarkeiten umgehen zu können, weil sie in der Kunst nun einmal dazugehören. Aber wenn dies schon für die Kunst gilt, dann gilt es ebenso auch für unsere innere Welt, aus der die Kunst hervorgeht. Denn auch in jenen Bereichen, die auf das Engste mit der menschlichen Empfindungs- und Erfahrungswelt verknüpft sind, gibt es schlicht und ergreifend keine Verbindlichkeiten, die immer zwangsläufig logisch oder einheitlich definierbar wären. Die Objektivierung von notwendig stets individuell erlebten Standpunkten – notwendig individuell erlebt, denn anders wären diese nicht erlebbar – garantiert grundsätzlich keine intersubjektive Ebene. Schlussendlich geht es bei diesem Thema auch um etwas, das über die rein akustische Wahrnehmung hinausgeht: Das, wovon diese Schrift handelt, befindet sich in erster Linie in einer inneren Welt des Geistes, die mit der bloßen Sinneserfahrung zwar in vielfältigen Zusammenhängen stehen kann, aber dennoch sehr wesentlich außerhalb des Körperlichen und auch des sprachlich eindeutig Ausdrückbaren steht. Im Bereich der musikalischen Erfahrungswelt gibt es jenseits von isoliert betrachteten elementaren Phänomenen wie zum Beispiel der Oktave, der Quinte, dem Dreiklang oder der physikalisch, physiologisch und psychologisch begründbaren Hierarchie der Konsonanzen und Dissonanzen keine allgemein verbindlichen Aussagen über ein „so ist es", „so hast du dies zu verstehen" oder gar ein „so hast du dies zu fühlen". Doch sind gerade in dieser Erfahrungswelt wesentliche Eigenschaften der Musik beheimatet: Musik wird einen Menschen zunächst immer nur innerhalb seines individuellen Erfahrungs-, Bildungs- und Gefühlshorizonts berühren, niemals außerhalb davon, denn sonst könnte er von ihr gar nicht berührt werden. Und innerhalb dieser ganz persönlichen Sphäre jedes Menschen erhält sie von ihm einen Sinn gemäß seinen Vorstellungen. Es ist nicht die Eigenschaft von Musik, von vornherein einen bestimmten Sinn zu haben, sondern es liegt in ihrem Wesen, ihren möglichen Sinn erst vom Menschen zu erhalten. Man trägt ihn in die Musik hinein, ganz ungeachtet der davon unabhängigen Tatsache, dass viele Menschen bei Musik oft ähnlich fühlen. Entsprechend ist Musik nicht von sich aus „freudig" oder „traurig", sondern alle Eindrücke und Empfindungen werden von außen in Klingendes „hineingefühlt", und handle es sich dabei auch bloß um ein Naturgeräusch wie Vogelgesang, das Rauschen von Bäumen im Wind oder das Plätschern eines Baches. Ein Komponist fühlt das Seine gleichermaßen in sein Werk hinein, ebenso wie auch ein Interpret und ein Zuhörer – ungeachtet dessen, ob und inwieweit die Aus- und Eindrücke von Komponist, Interpret und Zuhörer einander vielleicht entsprechen mögen. Denn eben diese Empfindungen kommen aus dem Erfahrungsschatz des gelebten Lebens mit allen seinen Facetten. Edwin Fischer, ein bedeutender Pianist im 20. Jahrhundert, erläuterte einmal genau dies anhand von Franz Schuberts Liederzyklus *Die Winterreise*:

> „Wenn ich die ‚Winterreise' darstellen wollte, so genügte der Text, ja die Musik allein nicht; erst als meine Erinnerung ein Gefühlserlebnis aus der Vergangenheit heraufholte, jenes Bild einer Allee von Weidensümpfen in kalter Winternacht, draußen vor dem Tore, von lärmenden Raben im tiefen Schnee, gelang es, das Gefühl trauriger Einsamkeit zu erzeugen, das all das an Empfindung in sich faßt, was in diesen köstlichen Gebilden steckt."[1]

Und an anderer Stelle:

> „Wenn ein zierliches Vöglein aus dem Nest gefallen war und ich sein zitternd schlagendes Herzchen in der Hand fühlte, so rasch, so leicht – so klangen nachher Cherubinis Arie und die Rondos Mozartscher Konzerte anders als vorher."[2]

Dies bedeutet keineswegs, dass Musik untrennbar mit Bildern verbunden oder gar programmatisch sei, denn schließlich „erzählen" die Rondos in Mozarts Konzerten nichts von einem kleinen, aus dem Nest gefallenen Vogel. Vielmehr besagen jene zwei Aussagen, dass Musik auf den einzelnen Menschen erst persönlich wirkt durch die Summe und Tiefe an Lebenserfahrungen und Erlebnissen, die er als Individuum angesammelt hat. Auf diese Weise macht sich der Mensch die Musik innerhalb seines ganz persönlichen Horizonts zu eigen. Der seelische Eindruck, den der kleine, aus dem

---

[1] Edwin Fischer: *Musikalische Betrachtungen*, Wiesbaden 1959, S. 15.
[2] Ebd., S. 17.

Nest gefallene Vogel hinterlassen hat – aber nicht notwendig auch die Erinnerung an das Ereignis selbst –, wird durch die Musik wieder wachgerufen, „hineingefühlt" (wie es der Musikphilosoph Eduard Hanslick einmal bezeichnet hat) und im Kontext des Erklingenden aufs Neue erlebt. Dabei erscheint er möglicherweise auch vertieft oder abgeschwächt und häufig auch gelöst von der Erinnerung an das Ereignis, aus dem das Gefühl erstmals hervorgegangen war. Bei diesem Prozess wäre die eigentliche konkrete Assoziation – etwa der Gedanke an den jungen Vogel – vielmehr der noch ungelöste Bodensatz, der das ungetrübte Empfinden der Musik behindert wie das Hintergrundrauschen im Radio bei einem schlecht empfangenen Sender.

Von Anfang an geht es in der Musik nicht um die konkrete Assoziation von Bildern oder Erinnerungen, sondern es geht zunächst einmal um das Nachfühlen und Neuerfahren seelischer Situationen in Abhängigkeit vom Klanggeschehen. Damit sind keineswegs Emotionen gemeint, denn Musik will kein Gefühlskino sein. Vielmehr ist sie deutlich tiefer und weniger konkret zu fassen. Das ändert allerdings nichts daran, dass man sich jederzeit natürlich auch entschließen kann, sich Assoziationsbildern und Empfindungen entspannt hinzugeben. Tatsächlich ist das eine viel geschätzte Gewohnheit zahlreicher Menschen beim Musikhören. Allerdings befasst man sich in letzter Konsequenz bei einer solchen Art zu Hören nicht so sehr mit Musik, sondern vorrangig mit den Assoziationsbildern der eigenen Vorstellung.

Der Musik ist eine Sinnvielfalt und auch eine Deutungsvielfalt eigen, die so groß ist wie die Fähigkeit des menschlichen Verstands und der Seele überhaupt, Dinge zu erleben und zu erfahren, etwas in Abhängigkeit von diesem Erlebten und Erfahrenen zu deuten und ihm im Zusammenhang mit Erklingendem eine Funktion oder auch einen Sinn zu verleihen. Die größte Differenzierungskraft an sprachlich interpretierbaren Inhalten, an konkreten Affekten und Gefühlssituationen trägt man bei Musik aber an der Oberfläche, nicht in der Tiefe. Je tiefer die musikalische Entwicklung eines Menschen voranschreitet, je fortgeschrittener sein Weg in die Musik wird, desto mehr verdichten sich die verschiedenen Seelenzustände zu ihren immer stärker werdenden Ursprungsformen, die zuletzt in der Unendlichkeit von Liebe wurzeln.

Ein Zuviel an Musik kann einen Menschen demzufolge nur dann gefühlsmäßig „abstumpfen", wenn er einen falschen Zugang zu ihr hat, nämlich einen im Kern unbeseelten. Und daher kann Musik auch für manche Menschen immer nur bloße, nichtssagende Klangbewegung bleiben. Zugleich aber kann sie andere Menschen auch derart in die eigene Tiefe führen, dass sie sie schließlich aus dem Tunnel ihrer eigenen Subjektivität hinausführt. Dem einen Menschen wird sie vielleicht zum Ausdruck eines im Inneren vernommenen Urtones aus einer verborgenen Welt jenseits aller Gegensätze. Einen anderen führt sie zum Erkennen der eigenen Wurzel im Übersubjektiven, begleitet ihn zu einer Erfahrung von göttlicher Durchleuchtung aller Dinge und schafft Harmonie zwischen einer höchst schmerzvoll wahrgenommenen, vermeintlichen Unvereinbarkeit zwischen diesseitiger Realität und jenseitiger Wirklichkeit. Musik hat einen Anteil an zwei Welten, einer begrenzten materiell-physischen und einer unbegrenzten geistig-seelischen. Daher scheint sie ideal zu sein, beide miteinander zu verbinden und zu vereinen. Von eben dieser Mittlerrolle der Musik und den damit einhergehenden Konsequenzen für unser Leben als Musiker oder Musikfreunde handelt dieses Buch.

Wie aber kann es dazu kommen, dass Musik zur Mittlerin wird? Was kann geschehen, wenn ein Mensch davon ablässt, „Sinn", „Bild" und „Theorie" von außen in Musikalisches hineintragen zu wollen, und den Fängen des geradezu zwanghaften, intellektuellen Verstehenwollens entrinnt? Was, wenn man vom anerzogenen und angewöhnten Instrumentarium der Herangehensweisen an die Klangwelt loskommt, Auffassungsdoktrinen fallen lässt und in größtmöglicher intuitiver Unmittelbarkeit an Musik offen herangeht? Was, wenn man Gelerntes ebenso beginnt sein zu lassen wie die aktive Suche nach Assoziationen und Emotionen, die vom Klanggeschehen ausgelöst werden? Wenn man erzwungene Leidenschaften – aber nicht Gefühl und Leidenschaft überhaupt – aufgibt und gewissermaßen geistig wie gefühlsmäßig frei und unvoreingenommen in höchster Aufmerksamkeit im Augenblick „Klang entstehen zu lassen" versucht?

Es liegt auf der Hand, dass man sich mit derartigen Fragen in das Grenzgebiet des sprachlich Mitteil- und Ausdrückbaren begibt. Folglich kann man nur versuchen, einen eigenen Standpunkt zu formulieren, ohne Anspruch darauf zu erheben, dass er so auch für andere Menschen Gültigkeit besitzt. Jeder Mensch hat die Freiheit, Musik nach seinem eigenen Willen und Vermögen zu etwas Persönlichem zu machen. Es bleibt dabei zu hoffen, dass vielleicht einige Menschen das hier Geschriebene anhand ihrer eigenen Erfahrungswelt nachvollziehen können und dadurch möglicherweise auch einen Anstoß erhalten, sich auf die Suche nach der Vertiefung des eigenen Musikerlebens zu begeben.

> Musik ist der einzige unverkörperte Eingang in eine höhere Welt des Wissens, die wohl den Menschen umfasst, die er aber nicht zu fassen vermag. Es gehört Rhythmus des Geistes dazu, um Musik in ihrer Wesenheit zu fassen, sie gibt Ahnung, Inspiration himmlischer Wissenschaften, und was der Geist sinnlich von ihr empfindet, das ist die Verkörperung geistiger Erkenntnis
> (Ludwig van Beethoven)

Über musikalisches Erleben und wie man es verhindert

Das Erleben von Musik entzieht sich der unmittelbaren Nachfühlbarkeit durch andere. Damit geht aber auch das Problem der Kommunizierbarkeit von musikalischem Erleben einher: Wie kann man jemandem etwas vermitteln, der dasselbe zwangsläufig nicht ganz genau gleich erleben muss, vielleicht nur annähernd ähnlich, möglicherweise aber auch grundverschieden? Jemand kann bei einem Musikstück zwar sehr ähnlich fühlen, aber niemals notwendigerweise völlig analog. Ein gemeinsamer Nenner findet sich lediglich im einander verbindenden Menschsein und damit in der Annahme, dass die meisten Menschen eine wohl vergleichbare Anlage zu bestimmten Gefühlen und entsprechenden Intensitäten von Erfahrungen haben. Die Gefühle selbst, ihre Stärke und ihre Differenziertheit sind allerdings vom subjektiven Horizont der Lebenserfahrungen jedes einzelnen Menschen abhängig.

Die Summe derartiger Lebens- und Gefühlserfahrungen ist die Grundlage für die Möglichkeiten, wie ein Mensch Musik zunächst einmal überhaupt erleben kann. Der Mensch erlebt Musik demnach nicht so, wie die Musik ist, sondern man erlebt Musik so, wie es einem als Individuum entspricht. Man erfährt sie nur nach der Art und Weise, wie man selbst ist – und nicht anders, denn sonst könnte man sie gar nicht erleben. Wir erfahren Musik nicht in der Fülle ihres Geschaffenseins und ihres allgemeinen Wirkenkönnens, sondern nur im Rahmen unseres jeweils individuellen Geschaffenseins und Erlebenkönnens. Obgleich unter allen Menschen die Gemeinsamkeit besteht, dass sie auf derselben Welt unter gleichen physikalischen Bedingungen, mit ähnlichen körperlichen und seelisch-geistigen Anlagen und Grenzen geschaffen sind, so ist jeder Mensch dennoch frei, Musik grundsätzlich anders zu erleben, ganz unterschiedliche Facetten von ihr wahrzunehmen und zu empfinden. Entsprechend können Menschen auch selbst der vollkommensten und großartigsten Musik taub oder vielredend gegenüberstehen, ohne zu erkennen, dass in diesen Klangwelten ein Weg in ein unbegrenztes Jetzt und Hier führt, das uns wirklicher erscheinen kann als alle diesseitige Realität allein.

Erst nachdem ein Mensch Musik innerhalb seines durch die eigene Lebenserfahrung geformten Horizonts zu erleben gelernt hat und diese in ihm (z. B. durch die Bildung von „Hörgewohnheiten") gewissermaßen Wurzeln geschlagen hat, kann überhaupt erst die Grundlage dafür entstehen, dass sie ihn vielleicht auch über diesen Horizont hinaus zu etwas führen wird, das mit seinen bisherigen Erfahrungen nichts mehr zu tun hat. Sobald man durch Musik dorthin gelangt, nähert man sich erst dem Erkennen dessen, wie Musik scheinbar selbst beschaffen ist; scheinbar nur, denn dieses „wie Musik selbst beschaffen ist" ist nichts weiter als ein durch die Individualität des einzelnen Menschen verzerrtes Spiegelbild von Musik. Und je klarer dieses Abbild wird, desto mehr kann der

Mensch seine unwiederholbare Einzigartigkeit als geschaffenes Wesen im Angesicht von etwas erkennen, das über die individuellen Seinsgrenzen hinauszugehen und hinauszuführen scheint. Das, was hierbei als etwas Besonderes erlebt wird, ist allerdings nicht die eigene Unwiederholbarkeit. Vielmehr ist es das Schauen dieses über die Grenzen der eigenen Individualität Hinausführenden im inneren Kern der Seele. Hier aber ist der Punkt erreicht, wo musikalisches Erleben in eine mystische Erfahrung führen kann und alle Beschreibbarkeit endet.

Bereits einfache Gefühle stehen in der Regel in vielfältigen Bezügen zu konkreten persönlich erlebten Eindrücken und lassen sich nur schwer verbal darstellen. Daher kann man sich über bestimmte Gefühle nur mit jemandem austauschen, der ähnliche Erlebnisse und vergleichbare Gefühle kennt. Was nützt beispielsweise der Versuch, mit jemandem über die Facetten des Verliebtseins zu sprechen, der noch nie Verliebtheit erlebt hat? So stellt sich auch die Frage nach der Methode, wie tiefe musikalische Erfahrungen jemandem überhaupt nähergebracht werden könnten: Man könnte sich zum Beispiel bemühen, die Erfahrungen selbst zu beschreiben, würde es dabei aber kaum vermögen, über subjektive Bilder und Metaphern hinauszukommen. Man könnte sich vielleicht auch bemühen, die Voraussetzungen zu erläutern, unter denen man selbst zu ihnen gelangt. Man kann dabei bestenfalls aber nur das Tor beschreiben, durch das man selbst geht. Den Weg zum eigenen inneren Erleben von Musik kann jeder nur selbst und für sich allein finden, und zwar ganz nach der Art, wie man selbst veranlagt ist. Ein solcher Weg kann aufgrund der Vielgestaltigkeit von Musik durch ganz verschiedene Tore führen.

Es ist allerdings möglich und sinnvoll, die Hindernisse zu erläutern, die jenen Voraussetzungen im Wege stehen. Die

Erwähnung von Gefahren und Hindernissen klingt recht „negativ" und ist es in gewisser Weise auch: Wenn man ein Ja als solches nicht zu beschreiben vermag, kann man noch immer versuchen, sich ihm durch eine Beschreibung *ex negativo* anzunähern, also durch eine Beschreibung der hinderlichsten Neins, die bei keinem Menschen zum Ziel führen dürften. Denn wenn es schon kein allgemeingültiges Ja gibt, so gibt es dennoch immerhin ziemlich allgemeingültige Neins.

Zu einem derartigen Nein können vor allem Theorien und Systeme des Verstehens und der Interpretation von Musik werden, die ganz konkrete und sehr oft einseitige Auffassungsweisen unterstreichen – durchaus im besten Sinn, da sie so nämlich klar verständlich werden.[3] Nahezu alle Philosophien und Theorien über Musik können jemanden sehr leicht am unvoreingenommenen, persönlichen Musikerleben hindern, da sie eine bestimmte Haltung zu vermitteln versuchen. Hinderlich sind dabei nicht so sehr ihre oft äußerst klugen zugrunde liegenden Überlegungen und auch nicht ihre Inhalte, die stetig wechseln können und für das reine subjektive Empfinden des einzelnen Menschen ohnehin meist irrelevant sind. Das Problem ist auch nicht die durch verschiedene Auffassungsweisen entstehende Vielfalt der Deutungsmöglichkeiten für Musik. Vielmehr ist sogar eher das Gegenteil der Fall: Je größer die Vielfalt an verschiedenen Theorien über Musik ist, desto mehr demonstriert uns diese Mannigfaltigkeit eigentlich, dass einzelne geschlossene

---

[3] Auf subjektiver Ebene findet sich dazu eine Parallele in allen Arten von Fantasien, Assoziationen und Gefühlen, denen man sich in Gegenwart von Musik hingibt. Auf diese komme ich im nächsten Kapitel zu sprechen.

Systeme für sich genommen manche Dinge schlicht nicht ausdrücken oder erklären können und es auch nicht wollen, wenngleich sie innerhalb ihres definierten Horizonts dennoch auf Musik grundsätzlich zutreffen mögen. Hingegen erklären andere Systeme wiederum anderes.

Das ganz generelle Problem hinter jeder Theorie, Philosophie und jedem System von Musik ist ein ganz automatisch damit einhergehender Tunnelblick. Versuche ich beispielsweise, Musik mit den Augen der Harmonielehre oder des Kontrapunkts zu sehen, so blicke ich natürlich auch auf nichts anderes mehr als auf das, was für die Harmonielehre oder den Kontrapunkt sichtbar und relevant ist: Mein Wissen von einer bestimmten Theorie lenkt meinen Blick gezielt in eine konkrete Richtung und macht mich zugleich blind für alles, was außerhalb von alldem liegen mag, was erblickt werden soll. Im Grunde ist das eine völlig selbstverständliche Dynamik, an der es *per se* zunächst einmal nichts zu kritisieren gibt. Immerhin soll man durch eine Sichtweise ja auch so und nicht anders sehen: Eine Musiktheorie – ich verwende dieses Wort hier als Sammelbegriff für rein verstandesmäßige Herangehensweisen an Musik – ist schließlich ein Objektivierungsversuch von Musik oder zumindest von einzelnen musikalischen Kategorien. Man formuliert und formalisiert Methoden, durch die es überhaupt erst möglich wird, eine gewisse Bandbreite zum Beispiel von Musikwerken eines Stiles oder einer gewissen Zeitspanne unter bestimmten formalen, funktionalen, dynamischen oder ähnlichen Aspekten zu beschreiben und zu deuten. In der Regel wird dabei der Anspruch erhoben, dass die Ergebnisse dieser Methode wiederholbar sein müssen. Das heißt, dass auch ein anderer Mensch bei der korrekten Anwendung derselben Methode auf zum Beispiel dasselbe Musikstück zu einem zumindest vergleichbaren Ergebnis gelangen sollte. Mit dieser durch ein gegebenes System gelenkten Sichtweise auf Musik geht allerdings auch die Tatsache einher, dass sie automatisch immer all das ausschließt und aus ihrem Sichtfeld verbannt, was sich außerhalb von ihr befindet und durch ihre Begriffe und Methoden nicht erfasst wird. Und was sie nicht ausschließt, das interpretiert sie wiederum selbstverständlich nur auf die von ihr beschriebene Art und Weise, während sie abweichende Deutungen in der Regel nicht zulässt oder nicht beachtet. Noch schwieriger aber wird es bei Dingen, die vielleicht in der Musik verborgen sind. Für diese existiert allenfalls überhaupt kein theoretisches Rüstzeug zur Handhabe, möglicherweise gibt es noch nicht einmal geeignete Begriffe zur sprachlichen Ausdrückbarkeit und Beschreibbarkeit. Dann jedoch gibt es nichts, das bereits bestehende Sichtweisen in Bezug auf diese verborgenen Dinge ergänzen könnte. Sondern die Vielfalt des schon bestehenden Wissens über Musik suggeriert vielmehr indirekt und unwillkürlich die Nichtexistenz eben dieser Dinge, gerade weil sie sie desto stärker ausblendet, je größer sie ist.

Ein einfaches Beispiel für diese Ausblendungstendenz des Wissens findet sich beim Komponieren: Je mehr Musik ich kenne, desto mehr könnte ich zum Glauben verleitet sein, es sei bereits alle Musik komponiert, es sei bereits „alles gesagt", was in der Musik als Kunst relevant ist. Je mehr Musik ich kenne, desto weniger vorstellbar könnte mir die Annahme erscheinen, dass in der Tonkunst noch nicht „alles gesagt" ist, dass es noch eine Musik geben kann, die zuvor noch niemals erklungen ist und auch noch nicht komponiert wurde. Kunst ist aber kein Ackerland, das abgeerntet wird und irgendwann einmal keine Erträge mehr bringt, denn die Inspiration, aus der die Kunst hervorgeht, ist ein nie versiegender Quell. Die

Annahme, es sei jedwede Musik „schon einmal da gewesen" beruht auf einem Denkfehler, der darin besteht, aus meiner Kenntnis von einer Fülle von Musik zu folgern, dass darüber hinaus nichts weiter bestehen könne, das anders ist. Die unausgesprochene Begründung hinter dieser irrigen Schlussfolgerung lautet: Weil ich mir das, was hinter den Grenzen meiner Kenntnisse liegt, nicht vorstellen kann und ich keinen Weg kenne, diese Grenzen mit den Mitteln meiner eigenen schöpferischen Kraft zu überschreiten. Mein Wissen macht mich demnach blind, und der Weg aus dieser Blindheit führt an meinem Wissen vorbei. Kenntnisse können mich formen, aber sie sollten meinen Schaffensimpuls nicht behindern, sondern mich in die Tiefen meines inneren Erlebens führen, denn dort liegt das höchste Gut der Kunst verborgen.

Hieraus lässt sich auch folgern, dass der Grad der Neuheit eines von mir als Komponisten hervorgebrachten Stückes gegenüber dem Grad der Intensität meines eigenen, authentischen inneren Erlebens dieses musikalischen Werkes grundsätzlich nachrangig ist. Mit der Bezeichnung „Intensität meines inneren Erlebens" von Musik sind jedoch nicht „Wirkung" oder gar „Effekt" gemeint. Streng genommen hat die Wirkung eines Kunstwerks auf andere keinerlei besondere Relevanz, vor allem dann nicht, wenn sie in keiner Beziehung zu meinem eigenen Erleben steht. Wenn nämlich der Ausdruck meines Werkes auf andere losgelöst ist von seiner unmittelbaren Wirkung auf mich selbst als schaffenden Künstler, wird er eigentlich zur Heuchelei und Lüge, da ihm in diesem Fall Authentizität und Aufrichtigkeit fehlen.

Das Problem mit der erwähnten Ausblendungstendenz von Wissen verschärft sich aber noch weiter, wenn außerhalb von Theorien und Systemen etwas ist, das sich auf einer derart andersartigen kategorialen Ebene befindet, dass es sich der

Greifbarkeit durch deren gemeinsame Grundlagen entzieht. Alle Theorien haben beispielsweise gemeinsam, dass etwas an Musik vergegenständlicht und dadurch dem rationalen Verstehen nahegebracht wird – sei es die Harmonik, die formale Struktur einer Komposition, seien es die melodischen Wendungen, die notierte Partitur oder die Art und Weise, wie das Werk gespielt werden soll. Nun sind diese Dinge, die vergegenständlicht werden, selbstverständlich auch immer nur solche, die sich durch eine sprachliche Formulierung oder auf irgendeine sonstige Art der mitteilbaren Eingrenzung auch erfassen lassen, denn ansonsten würden Systeme wie eine Musiktheorie oder eine Musikphilosophie selbstverständlich keinen Sinn ergeben. Schließlich könnte niemand sie anwenden oder auf ihre Gültigkeit – oder zumindest ihre Plausibilität – hin überprüfen. Was sich jedoch der Mitteilbarkeit entzieht, so wie zum Beispiel das ureigene, persönliche Erfahren von Musik oder auch nur die schlichte Freude am Klang, das wird folglich von Theorien auch grundsätzlich nicht erfasst und vergegenständlicht. Diese Dinge bleiben daher verborgen und sind, wenn überhaupt, nur über ganz andere Wege zugänglich. Für sich genommen ist dies alles für den Menschen noch nicht einmal unbedingt ein Problem, solange man sich dieser ungreifbaren Wirkungen von Musik bewusst bleibt. Schwierig wird es allerdings, wenn Theorien, Denkmodelle und Interpretationssysteme beginnen, jemanden aktiv daran zu hindern, das zu sehen und anzuerkennen, was sie selbst nicht greifen können. Diese Tendenz nimmt mit dem wachsenden Kenntnisstand, den jemand von diesen Theorien besitzt, naturgemäß zu. Denn je mehr man über das vermeintliche Funktionieren von Musik einmal gelernt hat, desto mehr Schwierigkeiten bereitet es, dieses Wissen wieder zugunsten dessen auszublenden, was einem die eigenen Kenntnisse nicht aufzeigen oder erklären helfen können, weil der Blick dafür zugunsten des mit den Augen der Theorie Sichtbaren abnimmt. Ist man einmal so weit, dass man überhaupt nicht mehr die Existenz von etwas akzeptieren kann oder will, das man durch ein bestimmtes Modell oder eine Theorie nicht fassen könnte, ließe sich von einer gewissermaßen unheilbaren Erblindung durch Verbildung sprechen. Solche Leute gibt es viele, und das große Problem dabei ist, dass gerade Menschen dieser Art häufig als Lehrer an Musikhochschulen oder an Universitäten zu finden sind. Allerdings gibt es auch dort immer wieder wunderbare und bereichernde Ausnahmen.

Wenn jemand innerhalb eines bestimmten Denkmodells (oder mehrerer) nichts mehr anerkennen kann oder will, das möglicherweise hinter dem aufgrund dieses Modells Beobachtbaren liegen mag, könnte man aber auch von einem Denkfehler („Induktionsfehler") sprechen. Denn eine bestimmte Beobachtung innerhalb eines geschlossenen Rahmens kann natürlich niemals als Beweis für die Existenz oder Nichtexistenz von etwas dienen, das sich außerhalb davon befindet. Die Weite eines Horizonts an Wissen oder Erfahrung, so groß sie auch sein mag, kann niemals einen Beleg dafür liefern, dass etwas Bestimmtes außerhalb dieses Horizonts existiert oder auch nicht. Und sie erlaubt auch keine Einschätzungen und Prognosen darüber, wie umfangreich alles das sein könnte, was sich vielleicht außerhalb eines bestimmten Wissenshorizonts befindet. Wenn das Objektivierbare (das theoretische Wissen) mit dem notwendig Subjektiven (der Erfahrungswelt) nun niemals völlig vereinbar sein kann, so wird es dieses automatisch stets unterbewerten und möglicherweise dessen Bedeutung gänzlich verkennen, selbst dann, wenn Theorie für das gesamte Phänomen Musik und gegenüber dem Erleben in Wahrheit völlig unbedeutend sein sollte. Doch genau dies ist sie zumindest in gewissen Bereichen zweifellos: Immerhin kann jeder noch so musiktheoretisch ungebildete Mensch die Musik von Wolfgang Amadé Mozart oder Franz Schubert genießen. Ebenso kann jemand jahrelang die Geheimnisse der Kontrapunktkunst des frühen 18. Jahrhunderts studieren und dadurch die Machart der Musik von Johann Sebastian Bach besser verstehen. Dass so ein Mensch dadurch automatisch auch einen tieferen Zugang zum Erleben dieser Musik erhält, ist damit jedoch keineswegs gesagt. Es wäre möglich, doch muss es nicht so sein, da es sich nun einmal um zwei ganz verschiedene Ebenen handelt.

Dies wiederum bedeutet: Die Fülle, der Ausbaugrad und auch die Qualität aller existierenden Erklärungsversuche von Musik sagen grundsätzlich absolut gar nichts darüber aus, inwieweit diese Erklärungsversuche tatsächlich Wesentliches über Musik nicht aussagen. Denn keine Theorie in der Musik kann jemals belegen, dass es etwas (möglicherweise Wesentliches) gibt, das außerhalb dessen liegt, was sie selbst erfassen kann. Und ebenso kann sie natürlich auch nicht belegen, dass es vielleicht etwas nicht geben kann, das außerhalb von ihr liegt. In diesem Zusammenhang aber liegt ein Problem im Hinblick auf das vorliegende Thema: Es mag Menschen geben, die eine Existenz von tiefen, ja spirituellen Erfahrungen durch die Musik oder auch ganz allgemein überhaupt leugnen, zum Beispiel, weil sie selbst vielleicht nie eine hatten oder auch nur für möglich erachten oder weil Musik für sie schlicht etwas ganz anderes bedeutet. Dann kann diesen Menschen natürlich auch das, was sie hier lesen, unmöglich einen belastbaren Hinweis darauf geben, dass es tatsächlich etwas geben mag, das sich ihnen bislang möglicherweise nicht erschlossen hat. Aber ich kann ihnen durch meine Worte zumindest einen Hinweis auf vielleicht Verborgenes zu geben versuchen, das vielleicht etwas leichter zugänglich wird, wenn man etwas darüber erfährt und sich dafür zu öffnen versucht.

Der erste Schritt in eine solche Richtung liegt vor allem darin anzuerkennen, und sei es auch nur auf der argumentativen Ebene des Verstands, dass das gelernte musikalische Wissen – also zum Beispiel Theorien, Modelle und Systeme – einen Menschen aufgrund einer ganz natürlichen Tendenz dazu drängt, Musik nur so zu sehen, wie es selbst diese Musik zu erklären vermag. Umgekehrt kann es ihn zunehmend daran hindern, an Musik das zu sehen, was sich außerhalb seiner Deutungen befinden könnte. Diese Ausblendungstendenz des Wissens nimmt mit der wachsenden Fülle und dem Komplexitätsgrad der Kenntnisse, über die jemand verfügt, stetig zu. Je höher also mein Bildungsgrad über Musik ist, desto mehr tendiert mein Wissen dazu, mich zu verleiten, Musik allein im Sinne eben dieses gelernten Wissens zu verstehen und auch zu deuten. Warum sollte ich mich auf einem Weg durch einen Wald auch mühevoll durch das Dickicht hindurcharbeiten, wenn mir stattdessen auch breite, ausgetretene Waldespfade zur Verfügung stehen? Und so kann mich mein Wissen auch daran hindern, Musik auf die Art und Weise verstehen zu können, die mir selbst aufgrund meiner naturgegebenen Veranlagung vielleicht am meisten entspricht. Noch mehr müsste ich daher auch gefährdet sein, daran zu scheitern, Musik so zu erkennen, wie sie vielleicht selbst wirklich beschaffen sein mag, vor allem dann, wenn der Weg dorthin nur „durch mich selbst hindurch" führte.

Warum aber sollte man sich dann überhaupt Wissen über Musik aneignen? Der einfache Grund hierfür besteht aus zwei Begriffen: Interesse und intellektuelle Formung. Man sollte am Gegenstand selbst das Denken bestmöglich lernen, aber ausgewogen, um zu wissen, wovor man sich in der Praxis am meisten zu hüten hat. Immerhin besteht ein sehr großer Unterschied darin, ob jemand gelernt hat, mit dem Denken bewusst aufzuhören, um über dessen Grenzen hinauszukommen, oder ob man überhaupt noch nie mit dem Denken wirklich begonnen hat.

Zur Demonstration der Problematik hinter der Ausblendungstendenz der Theorie möchte ich noch ein weiteres Beispiel nennen, eines, das in der gegenwärtigen Musikforschung und Musizierpraxis sehr präsent ist, und zwar das Sprachmodell innerhalb der Auffassung von Musik. Bei diesem Ansatz versucht man, Musik ganz allgemein als eine Art Sprache aufzufassen und Tonbeziehungen unter anderem mit Begriffen der Sprachwissenschaft zu erklären. Dieses in vielen Belangen sehr gut funktionierende Deutungskonzept hatte vor allem während der späten Barockzeit und wieder seit dem späten 20. Jahrhundert eine besondere Popularität. In seiner Form unterscheidet es sich von einem ebenfalls sprachbezogenen Musikverständnis aus dem 19. Jahrhundert, in dem Musik nicht pauschal mit Sprache, sondern mit Dichtung verglichen wurde. Nun beeinflusst bekanntlich jede Art zu fragen auch die dazugehörige Antwort. Folglich ist bei der Anwendung eines rein sprachbezogenen Modells von Musik die Annahme naheliegend und auch zutreffend, dass man dementsprechend zu vorwiegend sprachbezogenen Aussagen über Musik gelangen wird. Und so leuchtet es ein, dass man auch irgendwann anfangen kann zu glauben, dass – etwa, weil einem das Sprachmodell viele interessante Aussagen liefert – Musik sich tatsächlich „linguomorph", also sprachähnlich verhielte und dass irgendwann die radikale

These legitim erschiene, Musik könne generell mit einer Sprache gleichgesetzt werden. Dazu mag man vielleicht vor allem dann neigen, wenn man sich nur wenige oder gar keine Gedanken über die Unterschiede zwischen Musik und Sprache macht.

Der Haken an der Sache ist aber, dass tatsächlich nur wenige Menschen einen konkreten Anlass haben, diese Unterschiede zu betrachten, wenn doch das Sprachmodell in der Musik vielfach so wunderbar funktioniert. Denn indem unter dem zunehmenden Erfolg des Sprachmodells Musik in der eigenen Wahrnehmung mehr und mehr zur Sprache wird, klammert man selbstverständlich all das immer weiter aus, was einen an der Gleichsetzung hindert, nämlich die Unterschiede. Schließlich bevorzugt der Verstand klare und eindeutige Aussagen gegenüber weniger klaren Sachverhalten, die immer nur teilweise zutreffen. Genau das aber ist, was mit dem Ausdruck „Ausblendungstendenz von Theorie" gemeint ist: Je größer die Unterschiede zwischen Musik und Sprache in Wirklichkeit sein mögen, desto größer ist die Abweichung zwischen einem sprachbezogenen Musikverständnis, das ja bloß ein Deutungskonzept ist, und der tatsächlichen Beschaffenheit von Musik. Da das Sprachmodell und sein Funktionieren selbst aber nichts über das Ausmaß der Unterschiede zwischen Musik und Sprache aussagen, kann die Gewinnung eines verlässlichen Eindrucks logischerweise wiederum nur *ex negativo* gelingen, also dadurch, dass man sich nach all dem umzusehen versucht, was außerhalb dieses Modells liegen könnte. Wem aber könnte man verdenken, dies nicht zu tun?

Keinesfalls ist es hier meine Absicht, die Gültigkeit bestimmter musikalischer Theorien nachzuweisen oder zu widerlegen. Und ich möchte erst recht nicht die Sinnhaftigkeit der

Arbeit unzähliger bemühter und verdienstvoller Akademiker infrage stellen, sondern nur die Gefahren der Tendenz zum Ausblenden alles Fremden aufzeigen, die von Musiktheorien und Denkmodellen aufgrund einer natürlichen Beschaffenheit unseres Denkens ganz allgemein ausgehen können. Eigentlich tritt aus dem Gesagten auch klar hervor, dass es überhaupt nicht die Absicht von Musiktheorie ist und sein kann, irgendjemanden an ein Erleben von Musik heranzuführen. Sondern es ist ihre Aufgabe, möglichst objektivierbare Erkenntnisse über die strukturelle Gestalt von einer Musik zu liefern, die in einer Partitur niedergeschrieben ist oder in Form von Schall ertönt. Eine Theorie kann selbst ohnehin nur eine rationale Konsequenz der Manifestation von Musik in der materiellen Welt sein, aber keinen verbindlichen Weg zu innerem musikalischen Erleben bieten. Die Voraussetzung für Musiktheorie ist das verstandesmäßige Erfassen von musikalischen Strukturen. Die Voraussetzung für musikalisches Erleben ist hingegen das bewusste, aktive Nichterfassen und Nichtklassifizieren während des musikalischen Aktes zugunsten des seelischen Empfindungsvermögens. Beides schließt sich zwar nicht immer grundsätzlich aus, kann sich aber sehr wohl gegenseitig behindern.

Es gibt wahrscheinlich mehrere Millionen Schriften über Musikgeschichte, über Instrumente, Komponisten und über musikalische Stile. Man meint heute – im vermeintlichen Vergleich zur der Zeit vor etwa 60 Jahren – beispielsweise relativ genau zu wissen, wie man ein Musikstück vor 250 Jahren gespielt hat und wie man es heute spielen müsse, oder wie man es zu analysieren habe, damit man zu vergleichbaren Aussagen darüber gelangt. Man ist sich relativ gut im Klaren darüber, wie sich Töne und Klänge physikalisch verhalten. Und immer wieder gibt es auch Autoren, die ganz genau zu wissen glauben, was Bach oder Beethoven sich in einigen Werken konkret gedacht haben und was genau sie ausdrücken wollten – und selbstverständlich „wollten" uns diese Komponisten von Autor zu Autor und von Jahrhundert zu Jahrhundert auch meist ganz Unterschiedliches sagen, je nach dem Interpretationskonzept der jeweiligen Autoren. Nirgends aber – auch nicht in der vorliegenden Schrift – kann man lernen, was genau Musik im einzelnen Menschen auszulösen vermag, welche konkreten Erlebnisse dies sind und als was man diese wahrnimmt.

Es führt kein Weg daran vorbei: Hierfür muss man Musik selbst erfahren. Es ist etwa so, als stünde man verdurstend mitten in einem unendlich großen, sauberen See von bestem, klaren Wasser und würde Tausende Bücher über das Trinken zur Verfügung haben, über die Trinkgewohnheiten der Kulturen, über den Bau von Wassermolekülen, über den Verdunstungsprozess oder über die soziale Funktion des außerdienstlichen, gemeinsamen Trinkens unter Arbeitskollegen. Keines dieser Bücher kann einem jedoch vermitteln, wie sich Durstlöschen anfühlt. Und natürlich kann auch keines davon jemals den Durst nach Wasser stillen. So banal diese Tatsache klingt, so wesentlich ist sie auch als eine Wahrheit über Musik. Es geht dabei schlicht um ganz verschiedene Kategorien. Ebenso selbstverständlich und wichtig ist es, sich vor Augen zu halten, dass man über das Trinken zwar viel Spannendes und Faszinierendes lernen und wissen kann, den eigentlichen Akt des Trinkens beziehungsweise Schluckens aber braucht man nicht zu lernen, denn diesen beherrscht jeder Mensch von Natur aus. Und am Ende kommt es auch nur darauf an, denn schließlich nimmt das Wissen über das Trinken seinen Sinn und seine Berechtigung vom Trinken selbst und vom Genuss daran. Trinke ich selbst nichts, so hat auch all mein Wissen darüber kaum einen Sinn und Wert. Mit dem Verhältnis zwischen Musikforschung – hier als Überbegriff für die intellektuelle Auseinandersetzung mit Musik und ihren Begleitphänomenen gemeint – und dem Erleben von Musik[4] verhält es sich ganz genau so: Die Sehnsucht nach Musik wird nicht durch ein Studium von Fachliteratur gestillt, sie wird dadurch höchstens abgelenkt oder erdrückt. Ferner braucht kein Mensch das Musikerleben an sich zu lernen. Allerdings müssen heute die meisten Menschen lernen, in sich die Bedingungen für ein intensives Erleben zu schaffen. Unterschiedliche Aspekte des aufmerksamen Musikhörens und der verstandesmäßigen Analyse des Gehörten lassen sich leicht erlernen, doch sind dies rationale Fähigkeiten. Das dahinterliegende Erleben von Musik ist nicht nur unlernbar, vielmehr ist es durch das gezielte Training von analytischem Hören auch verlernbar. Daher können einige Musikwissenschaftler und auch Musiker Musik überhaupt nicht (mehr) wirklich genießen.

Aus alldem folgt die Notwendigkeit, dass man sich, sofern man darüber verfügt, vom hintergründigen Wissen über Musik zunächst zu lösen versucht, wenn man sich auf die Suche nach musikalischem Erleben begibt. Mit den Worten des Musikschriftstellers Wilhelm Wackenroder ausgedrückt:

---

[4] Zumindest am Rand sei dabei erwähnt: Etwas am Instrument oder mit der Stimme zu produzieren, muss mit dem Musikerleben nicht notwendig etwas zu tun haben oder umgekehrt. Denn selbstverständlich kann man die größten Meisterwerke am Instrument herunterspielen, ohne dabei etwas zu fühlen. Und ebenso kann man Musik hören oder auch nur „im Kopf" vernehmen und dabei auf das Innigste berührt werden.

„Wer das, was sich nur von innen heraus fühlen läßt, mit der Wünschelrute des untersuchenden Verstandes entdecken will, der wird ewig nur Gedanken über das Gefühl, und nicht das Gefühl selber, entdecken. Eine ewige feindselige Kluft ist zwischen dem fühlenden Herzen und den Untersuchungen des Forschens befestigt, und jenes ist ein selbständiges verschlossenes göttliches Wesen, das von der Vernunft nicht aufgeschlossen und gelöst werden kann."[5]

Ganz ähnlich schrieb einmal der indische Mystiker Kabir:

„Philosophie kann Ihn nicht erreichen. Dort ist eine endlose Welt, o mein Bruder! Das Namenlose Sein ist dort, von dem nichts gesagt werden kann. Keine Form, kein Körper, keine Länge und Breite ist dort zu sehen: wie könnt ich dir sagen, was es ist?"[6]

Der Dirigent Sergiu Celibidache wiederum sagte:

„Intelligenz kann den Menschen von dem Erlebnis wegbringen. Das Denken kann ein schreckliches Hindernis, eine Kugel am Fuß sein. Das ganze Gepäck und die Konflikte, die wir mitschleppen, lassen uns keine Ruhe. Das Denken hat die Neigung, alles zu verdinglichen, alles, was unfassbar ist mit dem Denken, fassen zu wollen in einer brauchbaren, manövrierbaren Einheit. Es braucht Polaritäten, Paarungen, Konfrontationen, Auflösungen. Sonst ist es gar nicht da. Der Mensch ist nicht vom Denken zu trennen. Aber denken ist nicht alles, was der Mensch kann."[7]

Am prägnantesten aber formulierte es Dschalāl ad-Din Rumi: „Ein Intellektueller weiß nicht, was der Trunkene fühlt."[8]

---

[5] Wilhelm Wackenroder: *Werke und Briefe*, Berlin und München 1984, S. 325.
[6] Kabir: *Im Garten der Gottesliebe*, Heidelberg/Leimen 2005, S. 91.
[7] Konrad Rufus Müller, Harald Eggebrecht und Wolfgang Schreiber (Hg.): *Sergiu Celibidache*, Bergisch Gladbach 1992, S. 66.
[8] Rumi: *Die Musik, die wir sind*, Freiamt 2009, S. 53.

Will man Musik auch außerhalb des individuellen Tunnelblicks erleben und von ihr auf weitaus tiefer liegende Erfahrungen geführt werden, muss man sich zunächst unweigerlich der Aufgabe stellen, in sich selbst die Bedingungen dafür zu schaffen, und die eigenen gedanklichen Systemfesseln lösen. Musik führt mich nur dann, wenn ich ihr die Chance dazu gebe. Zwinge ich ihr bewusst oder unbewusst ein bestehendes System auf, so gehorcht sie diesem nahezu uneingeschränkt. Mein Verstand gaukelt mir sodann vor, dass Musik objektiv so sei, selbst dann, wenn sie mich auf diese Weise dennoch nicht zu erfüllen imstande sein sollte. Gebe ich ihr aber meine echte, innere Bereitschaft und Empfänglichkeit, kann sie mich auf ungeahnte Wege in meinem Inneren führen.

> Im Grunde ist es mit der Musik ganz einfach:
> Musik ist. Mehr gibt es nicht zu sagen.
> (D. S.)

Tabula rasa

Was liegt hinter jedem Nachdenken über Musik? – Die musikalische Wirklichkeit. Dieser Satz, in Abwandlung eines bekannten Zen-Spruches, liegt der Entscheidung für die obige Überschrift zugrunde. Das Kapitel nimmt Bezug auf die in den vorangegangenen Abschnitten ausgesprochene Forderung, dass man zum Zweck der größtmöglichen Unvoreingenommenheit sein gelerntes Wissen zurücktreten lassen möge. Natürlich hat theoretisches Wissen über Musik einen Wert für sich. Aber all dieses Wissen kommt nicht annähernd an die Bedeutung der Erkenntnis für einen Menschen heran, dass „Musik ist": Es gibt eine Wirklichkeit, die über allem materiell Realen und subjektiv Personalen besteht, und Musik ist ein Teil von ihr. Diese Wirklichkeit durchdringt die wahrnehmbare Welt und kann an jeder Stelle in Erscheinung treten. Sie ist darüber hinaus dem Wissen und Verstehen nicht nur nicht zugänglich, sondern sie wird durch beides sogar in zunehmendem Maß unsichtbar.

Als Musiker gehen wir den Weg, uns diese Wirklichkeit durch unsere Kunst zu erschließen und sie in uns wie auch in der wahrnehmbaren Welt zu realisieren. Dafür erlernen wir über viele Jahre hinweg an einem wertvollen Instrument ein hochkompliziertes Handwerk, das für sich genommen nichts erzeugt, das von materiellem Wert wäre. Wir bedienen uns bei unserem Tun einer klanglichen Ausdrucksform, die für sich genommen keinerlei begriffliche Bedeutung hat und keine unverzichtbare Rolle für das biologische Überleben der Menschheit spielt. Mit alldem eifern wir dieser Wirklichkeit in allen Kulturen, die wir als Menschen je hervorgebracht haben, seit Jahrtausenden nach und versuchen eins mit ihr zu werden. Und selbst heute noch, wo wir in einem nie zuvor gesehenen Ausmaß in der professionellen wie auch nichtprofessionellen Musikausübung durch gewinnorientiertes Denken korrumpiert sind, steht als Auslöser hinter der anfänglichen Entscheidung für einen Lebensweg in der Musik bei jedem Menschen eigentlich doch auch nur die Liebe zur musikalischen Wirklichkeit.

Rumi schrieb: „Versuche, ein leeres Blatt Papier zu sein, ein Flecken Erde, auf dem nichts wächst. Wo aber etwas gepflanzt werden könnte – ein Same aus der Unendlichkeit."[9] Unser Lernen in der Kunst besteht in der Übung des Loslassens mit dem Ziel der Öffnung gegenüber dem, was uns das nur sinnlich Wahrnehmbare und das durch Nachlernen Wissbare nicht näherbringen kann. In engem Zusammenhang mit dieser Art von Unvoreingenommenheit steht die Intuition, die eine Grundvoraussetzung für musikalisches Erleben ist. Auf eine kurze Formel gebracht bedeutet Intuition hier die vom Nachdenken gelöste, völlige Freiheit im absolut gegenwärtigen und aufmerksamen Zugang eines Individuums zum Schöpferischen. Ein Komponist hat einmal über die Bedingungen für Intuition geschrieben:

„Zur Ermöglichung der Intuition ist es zunächst geboten, alles Sinnliche, Affektiöse auszuschalten – bequeme Kleider,

---

[9] Rumi: *Das Eine Lied*, Freiburg 2015, S. 95.

die nirgends beengen und das Blut frei zirkulieren lassen, leicht verdauliche, wenig gewürzte Speisen, Körperhaltung so, dass man sich nicht spürt, alle Muskeln entspannen, den Kopf gerade [...] – peinlichste Stille im Raum (man bedenke, die Intuition ist in erster Linie ein Zeiterlebnis, es gibt nur eine musikalische Intuition) – halbstarkes, ruhiges Licht, mäßige Temperatur – alles aus sich entfernen, was zu einer inneren Gleichgewichtsstörung führen könnte [...] Alles Schroffe, Gegensätzliche, Affektiöse, die Stimmungen, das Sinnliche, Erotische müssen ausgeschaltet sein, damit die Intuition möglich ist. Der intuitive Mensch, der ‚Musiker' schafft die ‚Welt' ab, den Raum – natürlich nur scheinbar – er fühlt sich im Kosmos und lebt im Zeitlichen, im Nacheinander, im organischen Wachstum."[10]

Das Mittel zum Erlangen von Intuition ist eine geistige Unvoreingenommenheit und zugleich eine Ausgeglichenheit in körperlichen und geistigen Belangen. Der Verfasser jener Zeilen behalf sich mit Auffassungen, die der chinesischen Philosophie entlehnt sind: Wo dieser von innerem Gleichgewicht und der Entfernung aller inneren und äußeren Dinge spricht, die stören könnten, könnte ein vom westlichen Denken geprägter Mensch eher von einer offenherzigen Bereitschaft sprechen und damit im Wesentlichen dasselbe meinen. Intuition ist hier nichts anderes als der Zustand kontemplativer Stille als Grundhaltung für ein unvoreingenommenes Herangehen an Musik. Damit ist gegenwärtiges, aktives Nichthinzufügen der Zustand, in dem und aus dem heraus Musik entsteht.

---

[10] Josef Matthias Hauer: *Melodie oder Geräusch?*, in: Melos 2 / 5–6 (1921), S. 96f.

Mit ganz anderen Worten drückte es einmal ein Pianist in einer Ansprache an junge Musiker aus. Im Vorfeld ist jedoch darauf hinzuweisen: Was im soeben zitierten Text „Ichlosigkeit" genannt wird, wird hier umschrieben als das „Selbst", das sich in einen schöpferischen Zustand zu versetzen habe. Wo der vorherige Autor von rein passiver Intuition erzählt, spricht der nachfolgende von aktivem schöpferischen Handeln und meint damit im Kern, trotz so verschieden gebrauchter Begriffe, dennoch sehr Ähnliches, wenn nicht dasselbe:

> „Nur innerlich erlebte Kunst, an der Ihre Persönlichkeit schöpferischen Anteil hat, interessiert, wirkt und baut auf. Sie müssen zu sich selbst gelangen. Um Sie dazu zu bringen, müssen die, die nicht schon einmal gestorben sind, sterben; und zwar den Opfertod aller Eitelkeiten, alles Angelernten, Aufgeklebten, Falschen. Sie müssen dann, wie ein Suchender, leise hinuntersteigen in das Dunkel Ihres tiefsten Seins, dorthin, wo Sie in der Kindheit waren, und dem Rauschen Ihrer Wünsche und Sehnsüchte lauschen, wieder sein wie ein Kind, ein Baum, eine Blume, unverfälscht und echt, hingegeben dem Gefühl vollen Lebens. Und wenn Sie still genug sind, voller Ehrfurcht für den Gott in Ihnen und Ihr Ohr an das Urgestein pressen, um dem heimlichen Ton zu lauschen, der durch alle Welten zieht, wird Er das heilige Feuer der Phantasie aufleuchten lassen, einer Phantasie, die ihre Kräfte aus Ihrem eigenen Sein und Wesen zieht. Und bist Du demütig und stark zugleich, so schaust Du das Land Deines eigensten Wesens, das Land der reinen Dinge, die Kraft, die Größe, die Schönheit selbst und auch das Leid und die Weichheit und die Verklärung. Und hast Du diese Urbilder in Dich aufgenommen, so lass den Strom Deiner Kräfte aufsteigen in Dein Leben, in Deine Taten, in Deine Kunst, und forme nach *Deiner* Phantasie – und das Bild Deiner Schönheit, Deiner Größe, Deine Liebe und Deine Trauer, Deine Hoffnung und Deine Freude wird leuchtend herrlich und fruchtbar. Du wirst ein

Schöpfer ... Ein schöpferischer Mensch aber in seiner besten Stunde ist göttlich."[11]

Bemerkenswert ist an beiden Textstellen die Gemeinsamkeit der Forderung eines äußeren und inneren Stillwerdens und In-sich-Hineinhorchens. Was der eine Intuition nennt, beschreibt der andere als „Phantasie, die ihre Kräfte aus eines Menschen eigenem Sein und Wesen zieht". Scheinbarer Widerspruch mag in der verbalen Ausgestaltung der Beschreibung sowie in der Formulierung des darauf Folgenden bestehen. Wer den an den Taoismus angelehnten Ausspruch des erstgenannten Komponisten mit der vom christlichen Denken geprägten, typisch europäischen Herangehensweise des zuletzt zitierten Pianisten vergleicht, wird auf zwei nicht miteinander vereinbar scheinende Auffassungen stoßen, ziele doch die eine auf einen überwiegend passiven Zustand, auf ein Nicht-Ich jenseits subjektiver Emotionen ab, die andere aber vielmehr auf ein aktives, inspiriertes schöpferisches Selbst, das sich gerade den inneren Gefühlen hingebe. Dieser Widerspruch auf der begrifflichen Ausdrucksebene kann nur durch die Unterscheidung zwischen „Ich" und „Selbst" und die Identifikation von „Selbst" und „Nicht-Ich" aufgelöst werden, wenn nämlich der innere menschliche Wesenskern gerade nicht mehr im subjektiv Persönlichen, sondern im gleichsam Göttlichen seine Wurzel hat. Denn was der erste der beiden Autoren unter dem „Ich" versteht, ist nur eine Fassade des Sinnlichen, des Angelernten und der äußerlichen Stimmungen. Dort heißt es „Ichlosigkeit", hier heißt es

---

[11] Edwin Fischer: *Musikalische Betrachtungen*, Wiesbaden 1959, S. 7ff.

„Opfertod aller Eitelkeiten, alles Angelernten, Aufgeklebten, Falschen". Es bleibt also festzuhalten, dass das Wesentliche in den Forderungen beider nicht die Widersprüche sind, die sich aus (unterschiedlichen Denktraditionen verpflichteten) abweichenden Ausformulierungsversuchen ergeben mögen, sondern vielmehr die grundlegende Gemeinsamkeit der kontemplativen Stille als unbedingte Voraussetzung für das Entstehen von Musik und der Überwindung von Äußerlichkeiten.

Der zentrale Gedanke hinter der Forderung eines In-sich-Hineinhorchens als Bedingung für einen musikalischen Akt ist die Vorstellung, dass jeder Mensch von Natur aus Musik grundsätzlich und vollkommen erfassen kann, nämlich ganz und gar in sich selbst – und sonst nirgends. Er erfasst sie dabei nicht in der Fülle ihrer Vollkommenheit, denn dies ist unmöglich. Ein Becher wird niemals das Wasser aller Ozeane enthalten, doch ist es im Grunde auch gleichgültig, ob jemals alles Wasser der Welt einmal durch ihn hindurchgespült worden sein wird oder nicht, solange er nur, wie ein im Ozean schwebender Behälter, von Wasser stets umschlossen und angefüllt ist: Auch beinhaltet er weiterhin das Wasser, ganz seiner eigenen, einzigartigen Form, Größe und Bestimmung gemäß. Ähnlich erfasst der Mensch Musik einzig auf die Art, wie sie seiner Veranlagung am meisten gemäß ist – darin aber im besten Fall gefüllt bis an den Rand seiner eigenen Beschaffenheit.

Die Voraussetzung für die musikalische Kontemplation besteht vor allem darin zu lernen, sich in ganzer Ruhe und mit aller Liebe, die man aufzubringen vermag, „hingegeben dem Gefühl vollen Lebens", auf ein Werk einzulassen und nur darauf zu hören, wie es klingt – nicht im Kopf, sondern gleichsam im Herzen. Man konzentriere sich suchend, zartfühlend auf das Jetzt der Musik, ohne dem Drang zu verfallen, sich selbst dabei zu beobachten („Opfertod aller Eitelkeit"), ohne dabei nachzudenken („alles Angelernten") und ohne sich mögliche Resultate der zu erreichenden Klanggestalt vorzustellen („Aufgeklebten, Falschen"). Zu Beginn der ersten Versuche in dieser Übung wird man vermutlich sehr genau zu lauschen versuchen und wahrscheinlich dennoch nichts hören. Es würde mithin nichts helfen, sich zwanghaft zu bemühen, irgendetwas „in sich" zu hören. Man geriete dabei nur ins Nachgrübeln über das, was „in sich" oder „in sich hören" überhaupt bedeuten könnte (Wackenroder: „Gedanken über das Gefühl, und nicht das Gefühl selber") und verlagerte das Problem damit auf eine rationale beziehungsweise auf eine sprachliche Ebene. Es geht hier eben nicht darum, über die Sache und ihre mögliche Bedeutung zu philosophieren, sondern den eigentlichen Akt des Freiwerdens von jeglichem Nachdenken, Grübeln und konkretem Erwarten selbst einzuüben und zu vollziehen („der ‚Musiker' schafft die ‚Welt' ab"). Keine Theorie wird hier jemals die Praxis ersetzen. Die Übung des Sicheinlassens auf Musik ist für den Hörer ebenso wichtig wie für den aktiven Musiker. Niemand, der während des Spielens beispielsweise darüber nachdenkt, wie eine gezielt eingeübte Gesichtsmimik oder sonstige Gesten möglichst effektvoll platziert werden könnten, um gegenüber den Zuschauern eine möglichst künstlerisch und vergeistigt wirkende Figur zu präsentieren, macht jemals wirklich Musik. Wie könnte so jemand auch – bei aller Ablenkung vom Tönenden, der er sich durch das Mimen hingibt? In der Musik geht es gerade darum, eine Präsenz im Klanggeschehen zu erreichen, die durch konzentrierte Anwesenheit und größtmöglich liebende – und eben nicht erzwungene – Offenheit und

Anteilnahme erlangt wird. Folglich gibt es umgekehrt vor allem zwei große Gefahren, nämlich geistige Abwesenheit sowie Gleichgültigkeit, die jede Musik zerstören können, und sei ein Stück technisch noch so meisterhaft eingeübt und dargeboten.

In der Übung des liebevollen Einlassens auf dem Weg zur Musik spielt ein hohes Maß an Geduld eine wichtige Rolle, denn musikalisches Erleben entzieht sich dem Eifer. Das bedeutet: Je mehr man willentlich versucht, Musik zu erleben, desto weniger wird man dabei Erfolg haben. Denn mit dem Willen gehen eine Erwartungshaltung und auch das bestehende Wissen einher, das sich umso mehr aufdrängt, je stärker das Wollen ist. An konkrete Erwartungen sind nämlich fast immer auch Vorstellungen und Fantasien geknüpft, die ihrerseits in irgendeiner Weise von Dingen abhängen, die im Gedächtnis verankert sind. Das Erzwingenwollen von musikalischem Erleben käme daher dem Versuch gleich, einen Berg in einen Tunnel hineindrücken zu wollen, nicht den Tunnel zugunsten der Betrachtung des Gebirges zu verlassen. Da aber der Wille über die Intuition dominiert, macht diese stets vor ihm Platz und tritt nur dann in Erscheinung, wenn es dem Menschen gelingt, der Intuition durch das Beiseitelassen von Wille und Erwartung den Raum zu geben, den sie zur Entfaltung braucht. Nur so kann im menschlichen Geist etwas entstehen, das zuvor nicht schon bewusst vorhanden war. Aus diesem Grund sind eine Tabula rasa und alle damit einhergehenden Schwierigkeiten unumgänglich. So ist der richtige Begleiter einer Suche auch nicht der Wille, etwas zu finden, sondern die durchlebte, intensiv empfundene Sehnsucht danach, die den Menschen viel tiefer durchdringt als jedes Wollen. Daher ist Frust auch eine am Anfang völlig normale Begleiterscheinung. Die Frage ist aber, wie man damit umgeht. Hier gibt es drei Möglichkeiten: Erstens, man bemüht sich weiter und versucht immer wieder, den Weg in die eigene Stille zu finden und das kontemplative Lauschen auf den Klang der Musik zu üben, sei es hörend oder selbst am Instrument spielend; zweitens, man erhält, trotz vielfacher Bemühungen, nicht das gewünschte oder erwartete Resultat und beginnt an Konzepten wie „Intuition" und „musikalisches Erleben" zu zweifeln und hört zuletzt einfach auf, es weiter zu versuchen, auch wenn sich bereits gewisse Resultate gezeigt haben mögen. Womöglich blieben diese allerdings unerkannt oder fielen anders aus als gedacht. Hier liegt der Fehler sehr wahrscheinlich in einer bestehenden Erwartungshaltung, die man zuvor vielleicht nicht vollständig abgebaut hat. Drittens, man beginnt – aus welchem Grund auch immer – sich gefühlsmäßig an der eingeübten Präsenz zu entflammen und fängt an, sich zunehmend danach zu sehnen, Musik so zu hören, wie sie selbst „ist", oft auch ohne zu wissen oder zu ahnen, wie dies genau gehen sollte oder wie sie klingen könnte. Dieses wachsende Sehnen macht die Sache nicht einfacher, sondern es kann noch einmal schwieriger als jeder anfängliche Frust und sogar auch schmerzhaft werden. Zudem kann es Jahre dauern, ohne dass man erhoffte Erfolge bewusst wahrnimmt, die jeden unerwarteten Fortschritt desto unsichtbarer werden lassen, je mehr man sich bestimmte Ergebnisse vorstellt. Oft wird einem daher gar nicht klar, dass mit zunehmendem Sehnen bereits der erste wichtige Schritt getan ist, denn das Erlangen von Sehnsucht ist eine wesentliche Bedingung: Das tiefe, ernsthaft gefühlte Sehnen nach Musik ist die ehrlichste Begleiterscheinung eines wirklichen Suchens und Voraussetzung für ein erfülltes Erleben von Musik. Im Erlöschen des Sehnens in der Musik kann dieses Erleben den Weg aufzeigen. Niemand kann sich mit ganzer Herzensliebe auf etwas einlassen, dessen Seele nicht vor leidenschaftlicher Sehnsucht glüht und brennt. Und nur das nach innerer Liebe sehnende Herz kann wiederum von dieser Liebe voll und ganz erfüllt werden. So aber ist Liebe der Anfang und das Ende aller wirklichen, reifen Musik. Wer nicht wahrhaft liebt, kann niemals wirklich Musiker sein. Und wer seine Liebe zur Musik verliert, verliert damit auch alle Musik und verkommt zum Gaukler, denn das Einzige, was dann noch bleibt, ist Schaustellerei ohne innere Anteilnahme. Wer als Musiker nicht seine gesamte Fähigkeit zur Liebe aufbringt und diese nicht in zeitloser Gegenwart mit seinem inneren musikalischen Schöpfungsakt vereint, der macht in letzter Konsequenz nicht eigentlich Musik, sondern greift nur Töne. Doch selbstverständlich ist dies – wenngleich es viele Abstufungen gibt – dann keine reine Kunst, sondern vielmehr bloße Handwerkstechnik, der es an Sinn und persönlichem Fundament mangelt. Wer allerdings seine ganze Liebe in die Musik legt, der kann in der eigenen Stille eben diese Liebe als etwas von außerhalb seines subjektiven Horizonts Kommendes unendlich verstärkt wiedererleben, gereinigt, verklärt und vervollkommnet im Klang von Musik. Wer auf dieser Grundlage musiziert, spielt auch hörbar anders.

Durch die von äußeren Dingen befreite, intuitive Annäherung an Musik – sei es als aktiver Musiker, sei es als Hörer – entsteht im Menschen eine eigene tönende Gegenwart, die als Teil einer eigenen, höheren Wirklichkeit erfahrbar wird und die sowohl für die Sprache als auch das Denken unerreichbar ist. Diese Wirklichkeit führt, mit dem äußeren Klanggeschehen zu einer Einheit verschmolzen, zum eigentlichen, individuellen Erleben von Musik. Wackenroder beschreibt die gefühlsmäßige Reaktion auf dieses Erleben – denn das

Erleben selbst ist unbeschreibbar – als kindliche Freude, ein „unschuldiges, rührendes Vergnügen, an Tönen, an reinen Tönen sich zu freuen!"[12] In eben dieser Freude am Erleben liegt eine ganz eigene Dimension der Schönheit von Musik verborgen. Dieses Musikerleben ist im Grunde allerdings wiederum nichts anderes als ein Sich-selbst-Erleben, denn man nimmt nichts wahr, das nicht zuvor seinen Ursprung in einem selbst hatte, und wenn es auch unbewusst war: „In dem Spiegel der Töne lernt das menschliche Herz sich selber kennen"[13] heißt es bei Wackenroder. Und laut dem Dirigenten Bruno Walter „erklärt sich die unvergleichlich innige Beziehung des fühlenden Menschen zur Musik daraus, dass er in ihrem mächtigen symphonischen Weltenlaut zugleich sein eigenes Herz vernimmt."[14] Es handelt sich hierbei jedoch nicht um das Erleben eines Ich, auch wenn es einem manchmal vielleicht so erscheinen könnte, zum Beispiel während eines Euphoriegefühls nach einem erfolgreichen Auftritt: Hochmut, Eitelkeit und übersteigertes Selbstwertgefühl sind in der Kunst nicht nur unangebracht, sie gehören auch zu den nachhaltig wirksamsten Giften für jedes innere Wachstum. Jene Art des Sich-selbst-Erlebens ist vielmehr die den Menschen in seinem Innersten wandelnde Erkenntnis von der eigentlichen, eigenen Wesensnatur als

---

[12] Wilhelm Wackenroder: *Werke und Briefe*, Berlin und München 1984, S. 309.
[13] Ebd., S. 327.
[14] Bruno Walter: *Von der Musik und vom Musizieren*, Berlin 1986, S. 18.

etwas außerhalb des personalen Ich Bestehendes, das in einer vollständigen Verbundenheit mit allem ruht, das ist. Musik ist nichts anderes als das, was aufgrund dieser Verbundenheit und unter Zuhilfenahme von Tonverbindungen als klingendes Hier und Jetzt im menschlichen Geist entsteht. Aus diesem Grund ist Stille letztlich auch die Voraussetzung, Anfang und Ende aller Musik.

Wackenroder wurde meist nur als Ästhetiker der Frühromantik klassifiziert und sein Enthusiasmus als zeithistorisch bedingt interpretiert. Nicht immer wurde in Letzterem ein zeitloses Tiefenerleben von Kunst erkannt. Doch er war einer der leidenschaftlichsten musikalischen Autoren zu diesem Thema und einer von wenigen, die auf echtes mystisches Erleben durch Musik hinwiesen. So heißt es bei ihm über die Hingabe an Musik:

> „Wenn andre sich mit unruhiger Geschäftigkeit betäuben, und von verwirrten Gedanken, wie von einem Heer fremder Nachtvögel und böser Insekten, umschwirrt, endlich ohnmächtig zu Boden fallen; – oh, so tauch' ich mein Haupt in dem heiligen, kühlenden Quell der Töne unter, und die heilende Göttin flößt mir die Unschuld der Kindheit wieder ein, daß ich die Welt mit frischen Augen erblicke, und in allgemeine, freudige Versöhnung zerfließe. – Wenn andre über selbsterfundene Grillen zanken, oder ein verzweiflungsvolles Spiel des Witzes spielen, oder in der Einsamkeit mißgestaltete Ideen brüten, die, wie die geharnischten Männer der Fabel, verzweiflungsvoll sich selber verzehren; – oh, so schließ' ich mein Auge zu vor all dem Kriege der Welt, – und ziehe mich still in das Land der Musik, als in das Land des Glaubens, zurück, wo alle unsre Zweifel und unsre Leiden sich in ein tönendes Meer verlieren, – wo wir alles Gekrächze der Menschen vergessen, wo kein Wort- und Sprachengeschnatter, kein Gewirr von Buchstaben und monströser Hieroglyphenschrift uns schwindlig macht, sondern alle

Angst unsers Herzens durch leise Berührung auf einmal geheilt wird."[15]

Die Forderung nach einer Tabula rasa reicht allerdings noch viel weiter, als bislang dargestellt. Es können nämlich nicht nur die „mißgestalteten Ideen" – ebenso wie auch die wohlgestalteten – hindern, die sich andere über Musik machen, sondern ganz besonders auch die eigenen, die man sich selbst macht: Die philosophischen und theoretischen Systeme, die andere über Musik konstruieren, finden eine Parallele in der persönlichen Gedankenwelt eines jeden Menschen, und zwar in den Assoziationen und Gefühlen, die beim Musikkonsum entstehen können: Es wird von vielen Menschen als schön empfunden, sich auf Musik einzulassen und sich selbst, seine Gedanken und Gefühle „einfach nur treiben zu lassen". Dies kann eine angenehme Entspannungsübung sein, aber in die Tiefe führt dieser Weg nicht. Der Grund hierfür lässt sich mit einer einfachen Unterscheidung erklären, nämlich zwischen „Dasein" und „Wegsein": Lasse ich meinen Gefühlen und Gedanken freien Lauf, so entsteht gewissermaßen eine automatische Leerlaufaktivität des Geistes, auf die sich die Aufmerksamkeit richtet, eine Beschäftigung der Fantasie mit sich selbst: Konzentriere ich mich beim Hören von Musik auf das „Treibenlassen" meines Geistes, so befasse ich mich weniger mit der Musik selbst als vielmehr mit dem unkontrolliert fließenden, vom musikalischen Klang angetriebenen Strom meiner Gedanken, Gefühle und Befindlichkeiten. Der Unterschied zum „Sich-nicht-treiben-Lassen" besteht lediglich

---

[15] Wilhelm Wackenroder: *Werke und Briefe*, Berlin und München 1984, S. 309f.

darin, dass ich einmal den Gang meiner Assoziationen bewusst steuere und einmal nicht. Ich bin aber in dem einen Fall mit meiner Aufmerksamkeit nicht näher an der Musik als im anderen, sondern ich bin vielleicht nur einfach entspannter. Diese eigentliche innere Abwesenheit vom Klanggeschehen ist, was ich mit „Wegsein" bezeichnen möchte.

Dem steht das „Dasein", das aktive Verweilen in Musik gegenüber: Man richtet seine gesamte Aufmerksamkeit bewusst auf das gegenwärtige klangliche Geschehen und wohnt ihm bei, ohne sich durch Gedanken und Gefühle ablenken zu lassen. Man bekämpft diese nicht, sondern lässt sie los und schenkt ihnen keine Beachtung. Man lässt das Wollen ebenso los wie das bewusste „etwas tun".[16] In diesem Sinne besteht die Übung im bewussten, achtsamen Dasein, das folglich nichts anderes ist als assoziationsloses Unvoreingenommensein im Zustand größtmöglicher Aufmerksamkeit und Liebe. Das Erreichen dieses Zustands ist die Voraussetzung für in diesem Sinn „richtiges" Musizieren und Musikhören. Der Unterschied zum „Abschalten" und „Sich-treiben-Lassen" besteht also darin, dass man sich bemüht, in der Gegenwart von Klang in den Zustand des „Daseins" zu kommen und darin zu bleiben, nicht mit ihrer Hilfe zum „Wegsein" zu gelangen. Es gibt einen *Horror Vacui* des menschlichen Geistes: Er flieht vor der gedanklichen Leere, in der allein er aber erst wirklich zur Stille kommt. Die

---

[16] Philosophisch betrachtet existiert hier ein Paradoxon: Man muss sich seines Ich bewusst sein, um es überhaupt aufgeben zu können. Die Grundbedingung für die Lösung vom Willen ist der Wille zur Selbstaufgabe. Das Nichtwollen wollen ist ein unauflöslicher Widerspruch, der nur im achtsamen Tun überschritten werden kann.

erfolgreiche Überwindung dieser ganz natürlichen Tendenz, dem Zustand gedanklicher Leere auszuweichen, ist daher eine grundlegende Übung auf jedem inneren musikalischen Weg. Man gebe sich bei Musik keinen sich aufdrängenden Fantasiereisen hin, keinem Nachgrübeln, aber auch keinen Farben, Formen oder Bildern, denn all dies sind musikfremde Assoziationen, die vom Eigentlichen des Klanggeschehens ablenken. Den sich aufdrängenden Gedanken begegnet man versöhnlich mit entspannter, aber fokussierter Achtsamkeit, eben dem „Dasein". Das Üben im „Dasein" fußt letztlich auf einer Annahme, die zugleich auch die Begründung für den Weg in die Tiefe mit der Musik ist: Es genügt, wenn man sich nur vollständig auf Musik einlässt und nichts sonst. Dies ist der tiefere Sinn hinter der Tabula rasa und vielleicht eines der wichtigsten – und zugleich auch wunderbarsten – Dinge, die man überhaupt über Musik wissen kann.

> Ich will von Atreus' Söhnen,
> Von Kadmus will ich singen!
> Doch meine Saiten tönen
> Nur Liebe im Erklingen.
> (Anakreon)

Liebe zur Musik

Ein echter innerer Weg ist ein Weg der Liebe. Wer seinen Weg mit Musik geht, entfaltet in ihr die eigene Liebe und lebt aktiv aus dieser Liebe heraus. Dennoch dürfte von allen zentralen Begriffen der Musikpraxis das Wort „Liebe" das am seltensten ausgesprochene sein. Die langjährige Beschäftigung mit Musik kann Menschen an eine Schwelle führen, an der sich das bisher bekannte Erleben des Klanggeschehens mit einem Mal verändert, oftmals auch überraschend, und Musik offenbart Teile ihrer eigenen, bislang verborgen gebliebenen Wirklichkeit. Es wandeln sich torlose Schranken mit einem Mal in schrankenlose Tore, und Musik enthüllt sich in ihrer eigenen Art aus dem Inneren des Menschen heraus. Sie veräußert sich in Form eines immerwährenden Festes von verschwenderischer Liebesfülle. In der Schrankenlosigkeit von Liebe finden Schönheit und Universalität von Musik eine ihrer vielen Begründungen.

Für einen Menschen, der Musik in einen eigenen inneren Lebensweg integriert, kann dieser unerschöpfliche Liebesquell zum Anfang und zum Ende aller als wirklich und wertvoll empfundenen Musik werden, zum selbstverständlichen Ausgangspunkt und Inhalt seiner Kunst, welche, im Gegenzug, außerhalb von Liebe ihre Bedeutung verliert. Auch im persönlichen Kunstverständnis eines Menschen kann dieses Erleben einen generellen Wandel herbeiführen: Kunst erscheint dann dort als wesentlich wertvoller oder etwas gar überhaupt erst als Kunst, wo eine Rückverbindung zu dieser Tiefe fühlbar und vollziehbar wird. Hingegen besitzt sie für einen solchen Menschen einen deutlich geringeren oder gar keinen Wert, wo sie bloßer Zerstreuung und Unterhaltung dient, eine plakative Illustration innerer (oder äußerer) Konflikte, des Wahnsinns in der veräußerlichten Welt oder des verzweifelten Ringens mit dem Leben und seinen widrigen Umständen zu sein versucht. Noch heute ist es vielfach üblich, zahlreiche Erscheinungen der Unterhaltungskultur als Produkt einer auf kommerzielle Interessen abgestimmten Musikindustrie gegenüber einer anderen, als Kunst im idealistischen Sinn verstandenen Musik abzuwerten, und diese Tendenz kann durch jenes Erfahren in hohem Ausmaß verstärkt werden. Denn zu sehr wird dort etwas, dessen Wesen eigentlich substanziell ist und dessen Ursprung in den verborgensten Bereichen des Menschseins liegt, zu einem Mittel des Zeitvertreibs und der oberflächlichen Unterhaltung degradiert. Dadurch aber verkommt Geisteshaltung zum Genre, Schicksale und Seelenzustände werden kalkulierte Sentimentalitäten.

Kunst will jedoch nicht profan unterhalten, sondern ergreifen. Sie will innerlich durchlebt werden und nicht dem Zeitvertreib dienen. Eine über die Subjektivität des einzelnen Individuums hinausragende, als vollkommen erlebte Liebe steht über allen oberflächlichen Regungen, über Sensationslust, über trivialer Unterhaltung und passiver Hintergrundbeschallung. Die bedingungslose, überhöhte Liebe als Zentrum und Ausgangspunkt ist der eigentliche Grund für die jahrtausendelang bezeugte ethisch-moralische Kraft, die jede wirkliche Kunst, und ganz besonders die Musik, besitzt. Auf Beethoven soll folgender Satz über Musik zurückgehen: „auch ihr liegen die hohen Zeichen des Moralsinns zum Grunde wie jeder Kunst, alle echte Erfindung ist ein moralischer Fortschritt."[17] Der Wert der Kunst besteht aber in der Liebe, nicht in der Moral. Moral ist selbst nur ein Abglanz der Liebesfülle.

Die Betonung des geistigen Wertes von Kunst entspringt aber keineswegs einer prinzipiellen Ablehnung von Weltlichkeit, sondern bloß einer Ablehnung der Entwurzelung von etwas, das in seiner eigentlichen Natur ganz wesentlich auch geistig ist. Man anerkennt Spiritualität als Fundament und immer mehr zur alleinigen, tiefen Begründung jeglicher Kunst und Kultur, abseits eines nur irgendwie zivilisierten und ziellos technisierten „Dahinwesens". Kunst wird in besonderem Maß zum Ausdruck aktiven inneren Liebens und Sehnens. Und im Verständnis eines auf diese Art denkenden Menschen wird es zur vorrangigen Aufgabe von Kultur, die bestmöglichen Bedingungen dafür zu schaffen, dass inneres Streben gelebt, erfüllt und weitergegeben werden kann.

Dies kann aber eben nicht durch eine Weltflucht geschehen, sondern nur mittels einer Vereinigung von Geist und Welt; mit keiner entrückten Suche nach einem fernen, transzendenten Licht in melancholischem Rausch, sondern durch das aktive Leben- und Wirkenlassen von strahlender Durchleuchtung aller Dinge im Jetzt und Hier; nicht mit der Suche nach personellem Geliebtwerden, sondern durch die Verwirklichung eines eigenen, grundlosen Liebens. Überall dort, wo Kunst sich als beschreitbarer Weg zu solchen Erfahrungen erweist, erfüllt sie, gemäß eines solchen Denkens, ihre eigentlichste

---

[17] Bettine von Arnim: *Goethes Briefwechsel mit einem Kinde*, Brief an Goethe vom 28. Mai 1810, Frankfurt a. M. 1984, S. 385.

Aufgabe. Denn dort ist sie der Gegenstand gewordene Ausdruck des Großen und Ungeschaffenen im Menschen und weist dadurch über ihn hinaus. „Erst wo das Unsagbare hinter Dingen und Leistungen spürbar wird, der *spiritus creator*, nicht bloß die äußere Erscheinung des Erarbeiteten", schrieb Bernhard Paumgartner, „erwacht in uns die Ehrfurcht vor dem Größeren hinter seiner greifbaren Existenz".[18] Insgesamt scheint im Angesicht der Indolenz eines entsinnlichten Geisteslebens einerseits und eines entgeistigten Sinneslebens andererseits das Wiedererlangen eines beseelten, sinnlich-geistigen Fundaments die einzige Möglichkeit unserer gegenwärtigen westlichen Zivilisation zu sein, in ein echtes und inspiriertes Kulturleben zurückzufinden.

Wie sehr Musik in die Tiefe führen kann, lässt sich an unzähligen musikalischen Beispielen sehen, und man findet diese keineswegs nur unter den bekanntesten Komponisten. Es ist ein populärer Irrtum anzunehmen, dass nur wenige, darunter allein die größten und bekanntesten Komponisten, in eine tiefe, persönliche Spiritualität vorgedrungen seien. Denn diese ist keine Begründung für Erfolg. Ebenso weisen auch nicht nur einzelne, größte Meisterwerke auf ihre hinter der realen Welt liegende Ursprungssphäre hinaus. Denn auch viele weniger bekannte und vermeintlich unbedeutende Komponisten haben ihre Musik aus einer tiefen inneren Verbindung heraus geschaffen. Ich möchte hier, neben „selbstverständlichen" wie Johann Sebastian Bach, Wolfgang Amadé Mozart oder Ludwig van Beethoven und einigen weiteren, ebenfalls überragenden Komponisten wie

---

[18] Bernhard Paumgartner: *Erinnerungen*, Salzburg 2001, S. 99.

Guillaume Dufay, Giovanni Pierluigi da Palestrina, Heinrich Schütz, Anton Bruckner oder Olivier Messiaen, zumindest noch ein paar weniger bekannte Namen nennen, darunter zum Beispiel Giovanni Croce, Johann Jakob Froberger, Johann Michael Haydn oder Joseph Gabriel Rheinberger. Nicht immer mögen sich die Musik und der zumindest in manchen Werken zum Vorschein kommende Tiefenausdruck dieser Komponisten jedem Menschen immer leicht erschließen. Doch ändert das zunächst nichts an der Tatsache, dass der jeweilige Komponist seine persönliche Ausdrucksweise hatte, die um nichts weniger authentisch sein muss als bei der Musik eines „leicht verständlichen" Komponisten. Denn ein authentischer Ausdruck tiefer Spiritualität in Kunst muss nicht zwingend immer leicht verständlich, populär oder allgemein anerkannt sein. Er muss noch nicht einmal unbedingt in größter handwerklicher Meisterschaft erfolgen, wenngleich auch kein Zweifel besteht, dass diese ein allgemein anerkanntes Merkmal großer künstlerischer Meisterwerke ist. Ein zwar möglichst guter, aber von größtmöglicher Authentizität und Ehrlichkeit erfüllter Kunstausdruck ist allerdings generell fast immer bedeutender als einer, der zwar perfekt in der Machart ist, aber dennoch im Sinne innerer Auseinandersetzung distanziert und kalt.

Die vorherige Aussage, dass Musik sich in ihrer eigenen Wirklichkeit offenbaren könne, mag wie ein Widerspruch klingen, da doch weiter oben gesagt wurde, dass ein Mensch sie immer nur so zu verstehen in der Lage sei, wie er selbst beschaffen ist. Dieser vermeintliche Widerspruch existiert aber nur dann, wenn man jene individuelle Beschaffenheit eines Menschen grundsätzlich als absolut getrennt von allem Seienden versteht oder eine Unverbundenheit zwischen Musik und dem menschlichen Urgrund für denkbar hält.

Sobald man den menschlichen Wesenskern als eine jeden personalen Ichbegriff untergrabende und zugleich in allem übersteigende Verbundenheit versteht, in welcher sich Musik im Besonderen zu erkennen gibt, verschwindet die vermeintliche Widersprüchlichkeit jener Aussage. Innerhalb meines exklusiven, subjektiven Horizonts bin ich nur in der Lage, Musik auf eine meinem begrenzten Ich gemäße Art und Weise zu erfahren und zu verstehen. Allerdings kann mich Musik gleichsam mitnehmen und über die Grenzen jenes Horizonts hinausführen, und ich erkenne dort meinen eigenen Funken des schöpferischen Urfeuers, in welchem ich mich als eins mit der Musik wiederfinde. Die Grundlage für dieses Überschreiten des personalen Horizonts ist jedoch die erwartungslose, liebende Bereitschaft, mit der ich mich gegenüber der Musik öffne. Nur so kann ich überhaupt imstande sein, ihren Sog zu fühlen, von ihm mitgezogen zu werden und in jeder Klangverbindung im geistigen Erleben jener überschwänglichen Liebe und Güte auch mitzuschwingen, ähnlich wie der Resonanzkörper eines angespielten Saiteninstruments. Und nur dann kann ich als schöpferischer Künstler eben diese Liebe durch meine Musik auch hinaustragen in die Welt. Richard Wagner schrieb im Jahr 1851: „Ich kann den Geist der Musik nicht anders fassen als in der Liebe."[19] Und Bruno Walter sagte in einem Vortrag im Jahr 1935:

> „Im Strom der Liebe, der uns in der Musik umfängt, lösen sich die Fesseln der Individuation; die [...] Seele, emporgetragen in die Ewigkeitssphäre der Musik, wird teilhaftig eines

---

[19] Richard Wagner: *Eine Mitteilung an meine Freunde*, in: *Sämtliche Schriften und Dichtungen*, Bd. 4, Leipzig 1911, S. 264.

schrankenlosen Verbundenseins mit dem All, sie erlebt eine Ahnung der Seligkeit."[20]

Allerdings ist der unmittelbare Akt des Musizierens und des Erlebens von Musik für sich genommen natürlich keineswegs gleichzusetzen mit einem Fühlen von Liebe, denn dieses ist lediglich ein begleitender Effekt von Musikerleben im menschlichen Geist – gleichsam ein Mit- und Nachschwingen –, nicht aber das Musikerleben selbst. So ist auch das „Erfülltwerden" an sich nicht der eigentliche Zweck von Musik, ähnlich wie es auch beim Instrument nicht um das schwingende Holz geht, sondern um die erzeugten Töne. Liebe ist dem zugrunde liegenden Raum vergleichbar, in dem und durch den Musik und ihr Erleben sich abspielen. Sie als eine Art Vorauspfand entgegenzubringen, und sei es auch nur in Form von erwartungsvoller Sehnsucht und Bereitschaft, wird damit zu einer Voraussetzung für ein tiefes Erleben von Musik. Obgleich sie wesentlichen Anteil hat, ist Liebe nicht das Musikerleben und schon gar nicht die Musik selbst, sondern nur gleichsam der Grundstoff, aus dem Musik – damit ist hier nun nicht mehr das äußerliche Hervorbringen oder Anordnen von Tönen gemeint, sondern das mittels der Klänge und Klangverbindungen im Inneren Auslösende – und Musikerleben hervorgehen und in dem Musik sich äußert. Bruno Walter sagte:

„Aus einer großen Liebeskraft und Liebesfülle quillt die Musik, und die vielleicht größte Leistung unserer Kunst, das Beethovensche Adagio, tönt, wie es in Schuberts ‚An die Leier' heißt, nur Liebe im Erklingen. [...] Der volle Reichtum

---

[20] Bruno Walter: *Von den moralischen Kräften der Musik*, Stuttgart 1996, S. 41.

einer bewegten Gefühlswelt mit Lust, Unlust, Übermut und Schwermut, Leidenschaft und Resignation füllt die Seele und wird Musik. Und doch kann ich all das nur als eine Teilung, eine Brechung des einen zentralen, das All umarmenden Gefühls ansehen; ich glaube, daß die Mannigfaltigkeit der Empfindungen und der ihnen entströmenden Musik sich zu diesem ihren Wärme-Zentrum verhält, wie der Reichtum der Farben zu einem Licht, das in ihnen lebt, in ihnen sich bricht und ihnen ihre Intensität verleiht."[21]

Liebe ist eine Grundbedingung, ohne die eine Musik, die über das technisierte Hervorbringen von Klängen aus einer artistisch geformten Holzkiste oder einem Metallrohr hinausgehen soll, nicht bestehen kann. Das Schaffen dieser Grundbedingung, das Erzeugen einer offenen Bereitschaft für Musik ist eine Fähigkeit, die nicht alle Menschen von vornherein beherrschen oder von Kindheit an beibehalten. Die liebende Grundbereitschaft gegenüber Musik lässt sich durch Übungen der Stille auch außerhalb tatsächlich musikalischer Betätigung lernen und üben. Es ist kein Geheimnis, dass das kontemplative Öffnen den Geist reinigen, befreien und für Dinge vorbereiten kann, die sich außerhalb der Erwartungen des die Sicht eingrenzenden Willens befinden.

Auch aus diesem Grund versuchen viele Musiker, sich zu einem Konzert in Stille zu sammeln, bevor sie die Bühne betreten. Oft wird von Solisten eine solche Sammlung auch noch demonstrativ auf der Bühne inszeniert, etwa, wenn ein Pianist sich an sein Instrument setzt und noch einmal kurz innehält, bevor er zu spielen beginnt. Dies kann sowohl dem Musiker als auch dem Publikum helfen: Musiker und

---

[21] Bruno Walter: *Von den moralischen Kräften der Musik*, Stuttgart 1996, S. 25ff.

Publikum begegnen einander in einem Augenblick gemeinsamer Stille, noch bevor der erste Ton erklingt. An sich wäre dies eine schöne Geste. Doch bleiben diese wenigen Sekunden der Stille häufig nur bloßes theatralisches Schauspiel von Virtuosen zum Zwecke der Spannungssteigerung. Ein kurzes Ritual pathetischen Schweigens bleibt schließlich nicht ohne äußerlichen Effekt. Ob und wie sehr eine Wirkung sich aber nach innen entfaltet, interessiert im vielfach substanzlos verrohten Kulturbetrieb des 21. Jahrhunderts ohnedies nahezu niemanden. Gleichwohl mag es einleuchten, dass ein Musiker, der über diese kurzen Momente der Konzentration hinaus keinen eigenen Zugang zu Stille hat, in jenen Augenblicken der Sammlung nur schwer zu einer Klarheit in seiner eigenen Gedankenwelt wird finden können. Umso mehr empfiehlt sich eine wie auch immer konkret beschaffene Übung der Stille als möglichst alltägliche Praxis. Denn wenn Stille die Voraussetzung für Musik ist, dann ist sie für einen Musiker eine ganz grundsätzliche Arbeitsbedingung, nicht bloß vor einem Konzert, sondern immer und überall. Innere Stille begleitet das tägliche Üben und Einstudieren von Musikwerken und führt gerade in ihrer Alltäglichkeit zu einer geistigen Tiefe in der Arbeit und im musikalischen Erleben, deren Ausmaß man sich ansonsten kaum vorstellen könnte und die ohne Stilleübung auch kaum erreichbar wäre.

Dies gilt grundsätzlich nicht nur – wenngleich dort in besonderem Maß – für professionelle Musiker, die ihr ganzes Leben mit Musik verbringen, sondern natürlich auch für Liebhaber, die dies in ausgewählten Stunden der Freizeit tun können. Welch eine besondere Übung der Stille und Achtsamkeit ist es, ein Instrument zu spielen, einfach nur Musik zu machen und nichts sonst! Man durchdringt die strukturellen Zusammenhänge der Klangverbindungen auf immer neuen

Ebenen und darf sich vollständig dem dankbar hingeben, was in tönender Bewegung entsteht und als Fühlbares in den Bereich des Erlebens hineinschwingt. In solchen Augenblicken konzentriertester Hingabe führt Musik in die Stille des Geistes, erwächst aus ihr, vervollkommnet sich in ihr und geht zuletzt in sie über. „Stille" ist hier nicht im Sinne von „Ruhe" gemeint, sondern vielmehr im Sinne von Entspannung, Klarheit und Unabgelenktsein des Geistes bei größtmöglicher Wachheit. Was bleibt übrig, wenn in diesem Zustand die äußeren Sinne wegfallen, Schmecken, Sehen, Hören, Riechen und Tasten? Was bleibt, wenn die Umwelt von einem abfällt und schließlich auch alles Denken, Wissen und alle Erinnerungen? – Ein leises Lachen des inneren Schöpfers; ein kleiner, niemals vergehender Funke eines unerschöpflichen Feuers, aus dem die künstlerische Eingebung geboren wird. An diesem Ort heben sich Unterschiede auf. Es existiert dort keine Trennung mehr zwischen Ich, Du und Musik, sondern nur mehr klingende, tönende Gegenwart von Liebe, Mensch, Schöpfung und schöpfender wie schöpferischer Kraft:

> „Das Principium individuationis schmilzt im Feuer solcher mystisch-musikalischen Vereinigung, und nichts kann realer sein, nichts können wir mit so tiefer Sicherheit empfinden als diesen geheimnisvollen Akt der Einswerdung zwischen uns, dem Werk und seinem Schöpfer."[22]

Für religiöse Musiker kann sich hier Musik mit religiösem Erleben vereinen: Musik wird unmittelbarer Ausdruck der Sehnsucht nach Gott, des Gotteslobes, wortlos überhöhtes Gebet. Es überlagern sich die Liebe zur Musik und die Liebe

---

[22] Bruno Walter: *Von der Musik und vom Musizieren*, Berlin 1986, S. 31.

gegenüber Gott. Der Dienst an Musik wird gleichbedeutend mit einem Dienst an Gott und umgekehrt. Denn der Dienst an der Musik ist ein Dienst an der Liebe. Religiöses Erleben vereint sich mit musikalischem Erleben. Dadurch wird Musik aber keineswegs zu einer Religion, und erst recht ist sie keine Gottheit, sondern sie wird zu einem arteigenen, dem entsprechend veranlagten Musiker innerlich gemäßen religiösen Ausdruck und ebenso auch zum würdigen und angemessenen Mittel dieses Ausdrucks.

Auch umgekehrt wurden musikalische Bilder und Begriffe zu fast allen Zeiten verwendet, um die Nähe zur Gottheit, ihre verborgene Allgegenwart in der Schöpfung oder die Vollkommenheit der Natur und des Alls zu beschreiben, für welche es wohl kaum eine schönere Metapher gibt als die von Gott als einem himmlischen Musikanten. In Kabirs „Garten der Gottesliebe" ist beispielsweise zu lesen:

> „Die Flöte des Unendlichen wird ohne Ende gespielt,
> und ihr Ton ist Liebe: Wenn Liebe aller Grenzen entsagt,
> erreicht sie die Wahrheit. Wie weithin der Duft sich breitet!
> Er hat kein Ende, nichts steht ihm im Weg. Die Gestalt
> dieser Melodie ist leuchtend wie eine Million Sonnen."

Und an anderer Stelle:

> „Hör auf den Urton der Glocken und Trommeln!
> Erfreue dich an der Liebe!
> Regen strömt herab ohne Wasser,
> und die Flüsse sind Ströme von Licht.
> Eine einzige Liebe ist's,
> die alle Welt durchdringt"[23]

---

[23] Kabir: *Im Garten der Gottesliebe*, Heidelberg/Leimen 2005, S. 64 und 112.

Es ist offensichtlich, dass die Liebe hier nicht mehr mit Musik allein zusammenhängt, sondern ins Überpersönliche gesteigert ist. In der Hingabe kehrt sie gewandelt als eine umfassende, Grenzen überschreitende Liebe wieder. Musikalischer Klang – vor allem in diesem alles Nachgrübeln zurückweisenden, poetischen Bild vom verschiedene Sinne verbindenden Duft des hell leuchtenden Flötenklangs als eine Liebe, die allen Grenzen entsagt und alles Geschaffene durchdringt – wird hier zur Metapher für ein erlebbares Dasein des Göttlichen in allen Dingen, und zwar in Form von Liebe: als Gestalt unsichtbar, unfühlbar, und dennoch über alle Maßen durch Sinnlichkeit beseelt.

Klang ist überhaupt eine der beeindruckendsten Metaphern für den Ausdruck göttlicher Gegenwart: immateriell, unsichtbar und dennoch im Augenblick seines sinnlich wahrnehmbaren Ertönens allgegenwärtig und raumerfüllend. Nicht von ungefähr verwenden christliche Kirchen das Glockengeläut. Das Wesentliche in der Symbolik des Glockenklangs liegt gerade nicht im lauten Geräusch des Anschlagens, sondern es ist der Klang des Ausschwingens, der die Luft mit einem schwebenden Singen der Obertöne erfüllt, die sich verbinden. In einem guten Glockenklang fügen sich die hervorstechendsten Teiltöne zu einem strahlenden, den gesamten umgebenden Raum zum Klingen bringenden Akkord zusammen: Jeder, der einmal das imposante Geläut unter einer großen Kathedrale erlebt hat, dürfte das Gefühl eines regelrechten „Schwimmens" im Klang der Glocken kennen, der nicht nur den ganzen Raum erfüllt, sondern den man manchmal auch physisch am eigenen Körper zu spüren vermeint. Dieses hör- und spürbare Durchdrungensein von Harmonie ist eine sinnlich unmittelbar wahrnehmbare Parallele zur religiösen Botschaft des „Ich bin da", zur Allgegenwart der einzigen Liebe, die, wie Kabir sagt, als wasserloser Regen herabströmt und alle Welt durchdringt.

Das Erfahren oder auch nur die Existenz einer derartigen Liebe mag vielleicht als Utopie erscheinen. Es mag vielen möglicherweise auch gar nicht einleuchten, was so etwas mit Musik oder musikalischer Praxis überhaupt zu tun haben könnte, weil man diese völlig anders kennt. Immerhin kann man jahrzehntelang mit Musik zu tun haben und Derartiges nie erleben, ja noch nicht einmal erahnen. Das ist auch in Ordnung. Allerdings braucht und sollte dieser Umstand kein Hindernis sein, danach zu streben und die Vergrößerung der eigenen Liebe im Rahmen des persönlich Machbaren in vielen Bereichen des Lebens stetig zu üben, sei es die Liebe zur Arbeit, zum Mitmenschen, zur Natur, zur schöpferischen Kraft – und eben auch zu Musik. „Kunst", so sagte einmal Wilhelm Furtwängler in einem Vortrag, „ist ein Ausdruck der Liebe. Wer die Liebe negiert, negiert auch die Kunst." Man sollte daher wagen, sich der Musik ganz hinzugeben, sich in sie fallen zu lassen und in den Fluten eines tönenden Meeres zu zerfließen. Man lasse die Musik zu und erlaube, von ihr zutiefst berührt und überwältigt zu werden. Der Musik – damit meine ich nicht die äußere Handlung einer Oper oder eine programmatische „Geschichte", die vielleicht durch Töne „erzählt" werden soll –, der Musik sei erlaubt, einen Menschen zu Tränen zu rühren ob ihrer wunderbaren Schönheit im Kleinen wie im Großen. Man tanze, lache und weine im grenzenlos blühenden göttlichen Garten klangerfüllter Liebe, in dem zu wandeln einem in jedem Augenblick des musikalischen Erlebens für immer geschenkt wird. Musik kann dazu dienen, den Menschen unverhüllt die Vollkommenheit des Geschaffenen zu zeigen, ihn zur Vergrößerung seiner Liebe zu führen, um darin zu dem verborgenen, über die eigene Subjektivität hinausreichenden Kern zu gelangen. Sie hat die Fähigkeit, den Anteil alles Seienden daran zu zeigen und den Menschen zu formen, dass er in den alltäglichen Dingen, auch außerhalb von Musik, diese Liebe und Vollkommenheit wiedererkenne und zu verwirklichen trachte.

> Keiner, der nicht zu dem myst'schen Fest gelassen,
> Kann den Sinn der dunklen Kunst erfassen,
> Keinem sprechen diese Geistertöne,
> Keiner sieht den Glanz der schönsten Schöne,
> Dem im innern Herz nicht das Siegel brennt,
> Welches ihn als Eingeweihten nennt,
> Woran ihn der Tonkunst Geist erkennt.
>
> (Ludwig Tieck)

Sehnsucht

Liebe zu Musik kann sich im Menschen im Wesentlichen auf zweierlei Art äußern, nämlich im Erfülltsein als eine Begleiterscheinung von Musikerleben, ebenso aber in ihrer gefühlten Abwesenheit, nämlich dem tief empfundenen Sehnen. Das einzige wirkliche Gegenstück zu Liebe ist die Sehnsucht danach. Ein Gegenteil von Liebe im Sinne eines Dualismus existiert hingegen nicht, denn ihr kann keine gleichwertige Opposition und folglich kein Gegenpol in Form einer Sache entgegengestellt werden, die für sich eine eigenständige Qualität besäße. In gewisser Weise könnte man sie daher „monistisch" oder, vielleicht besser, „monopolar" nennen. In dieser Eigenschaft fallen in ihr und durch sie die Gegensätze zusammen. Auch wenn es zu Liebe kein Gegenteil und keine Alternative gibt, existiert ein Wort für ihr ungenügendes Vorhandensein, und dieses lautet Sehnsucht. Zu Liebe gibt es lediglich die vollständig auf sie bezogene und zu ihr hinstrebende „Weniger-Liebe" als ein Sehnen aufgrund der gefühlten Abwesenheit und relativen (aber nie vollständigen, denn diese wäre undenkbar) Trennung von ihr. Daher gibt es kein Gefühl, das für Kunst derart ursprünglich ist wie das Sehnen. Sehnsucht aber ist nichts anderes als der Sog der Liebesfülle.

Häufig wird allerdings Hass als Gegenteil von Liebe vermutet, eine Annahme, die nicht auf Fühlen, sondern auf einem schlichten Denkfehler beruht. „Monopolarität" ist für viele Menschen oft schwieriger zu begreifen als Dualismus. Hass hat eine ganz eigene destruktive Gefühlsqualität, die in Abhängigkeit von einem oftmals krankhaften, aber immer ungesunden, übersteigerten und nicht immer ganz bewussten Willen zur Ablehnung existiert. Dieser Ablehnungswille kann wiederum unterschiedliche Hintergründe haben, zum Beispiel ideologischen Fanatismus oder erduldetes, unverwundenes Leid. Willenlosen, puren Hass aus sich selbst heraus gibt es in Wahrheit überhaupt nicht. Gäbe es ihn, so wäre seine allererste Handlung notwendig die sofortige, restlose Selbstvernichtung im Zuge seines erstmaligen Erkennens des eigenen Ich, da ihm ebenso auch jede Selbstliebe wesensfremd wäre. Wo der zumeist unversöhnte, verbissene Wille zur Ablehnung nicht besteht, dort existiert in aller Regel auch kein Hass als solcher, wenngleich noch andere negative Gefühlszustände weiterhin bestehen können. Liebe hingegen ist nicht nur vom Willen unabhängig, vielmehr kann sie mit ihm und – vielleicht sogar noch besser – ohne ihn existieren. Sie übersteigt damit jeden Hass und kann als Gefühlsqualität eine Intensität erreichen, die selbst der gewaltigste und zerstörerischste Hass, allein schon aufgrund seiner physischen Verankerung im begrenzten, subjektiven Wollen, niemals erreichen kann. Liebe kann Grenzen überströmen und aufheben, die kein Hass jemals überwinden kann und sei er auch noch so stark. So ist das Gegenstück von Liebe – als eine nichtdualistische Qualität – das Gefühl von ihrer relativen Abwesenheit, das auf sie bezogene Sehnen, insbesondere hinsichtlich eines inneren Weges. Das Sehnen nach Liebe, das weniger ein Wunsch nach Geliebtwerden ist als vielmehr das oft gegenstandslose Verlangen, selbst zu lieben, besitzt indes keine eigenständige Qualität als Gefühl, sondern ist in seinem Wirken voll und ganz auf die Liebe wie auf ein Gravitationszentrum ausgerichtet und erhält sein ganzes Wesen nur von ihr.

Die enge Verschränkung von Liebe und Sehnsucht mag dennoch verwundern. Gerade das Miteinander von hohem Erfülltsein und tiefem Sehnen ist ein charakteristisches Merkmal auf einem inneren Weg, vor allem in der Kunst. Das ist auch richtig so und wichtig: Nur wer sich voll und ganz nach dieser verborgenen Liebe sehnt, kann auch voll und ganz von ihr erfüllt werden. Ebenso kann nur zur Erfüllung in Musik gelangen, wer sich ganz danach sehnt. Der Weg dorthin führt über die Liebe zur Musik und das Streben, sie zu vergrößern. Wer den aus der Tiefe kommenden Wunsch in die Sinnlichkeit des musikalischen Klanges hineinträgt, dass die Musik die eigene Liebe vergrößere, wird diese auch auffinden und wachsen lassen können. Je größer die einmal erlangte und immer größer werdende Gewissheit von der Liebe ist, desto stärker wird auch der Wunsch, diese zu behalten, zu mehren und ihre Konsequenzen im eigenen Leben umzusetzen. Wer aber immer über alle Maßen erfüllt ist, sehnt nicht. Und wer sich nicht sehnt, sucht nicht. Daher muss jede Euphorie temporär, jeder Rausch der Erfüllung endlich sein. Wichtiger als das punktuelle Glücksgefühl ist das konstante Ausgerichtetsein auf das eine Zentrum innerhalb des Wandels im Strom des Lebens, fühle man sich ihm auch einmal näher, einmal weiter entfernt. Man sei daher glücklich im Erfülltsein und freue sich über die sich ausdehnende Bewusstheit in und ob jeder Sehnsucht. Wer einen solchen Weg der Liebe geht, strebt umso mehr nach Vervollkommnung und findet dabei immer neue Bereiche im eigenen Leben, in denen die äußere und die innere Welt zusammengeführt und in Harmonie gebracht werden wollen. Damit ist das ständige Verlangen nach dieser Harmonie ein steter Begleiter. Bei Kabir ist zu lesen:

> „Wie schwer ist es, meinem Herrn zu begegnen!
> Der Regen-Vogel klagt vor Durst nach dem Regen;
> fast stirbt er vor Sehnsucht,
> doch will er kein andres Wasser als Regen."[24]

Wackenroder wiederum lässt die literarische Figur Joseph Berglinger schreiben:

> „Wohl dem, der, (müde des Gewerbes, Gedanken feiner und feiner zu spalten, welches die Seele verkleinert,) sich den sanften und mächtigen Zügen der Sehnsucht ergibt, welche den Geist ausdehnen und zu einem schönen Glauben erheben. Nur ein solcher ist der Weg zur allgemeinen, umfassenden Liebe, und nur durch solche Liebe gelangen wir in die Nähe göttlicher Seligkeit."[25]

Es ist vielleicht erwähnenswert, dass der Autor der ersten Textstelle von einer spezifisch religiösen, mystischen Sehnsucht nach der Gottheit spricht, jener der letzteren eine allgemeine, von Musik hervorgerufene Sehnsucht und Liebe meint und dabei auf eine religiöse Wortwahl zurückgreift. Auf bemerkenswerte Weise heben sich hier einmal mehr die Grenzen zwischen religiöser und musikalischer Praxis auf und nähern einander in ihren Schilderungen eines überpersonalen Sehnens und Liebens an.

Diese Form von Sehnsucht besitzt eine eigene Spiritualität, die jener von Liebe entspricht. Nicht nur, dass dieses Sehnen

---

[24] Kabir: *Im Garten der Gottesliebe*, Heidelberg/Leimen 2005, S. 78.
[25] Wilhelm Wackenroder: *Werke und Briefe*, Berlin und München 1984, S. 310f.

ganz auf ein Erfülltwerden durch Liebe – und zwar durch keine spezifische wie zum Beispiel die partnerschaftliche – ausgerichtet ist. Auch das ruhige, erwartungsvolle Verweilen im Sehnen schafft die Bedingungen dafür. Ebenso ähnelt die Bewusstheit im Sehnen jener des Liebens sehr stark. Denn die Sehnsucht führt einem klar die Abwesenheit von Liebe überall dort vor Augen, wo man ihre Gegenwart unvollkommen wahrnimmt. Je stärker ein Mensch daher die Fähigkeit zur Liebe besitzt, desto größer ist auch seine Fähigkeit zum Sehnen. Im in Stille gelebten Sehnen aber übt sich der Mensch in Achtsamkeit und Demut und richtet den Fokus auf Liebe aus. Aus diesem Grund kann man als Mensch am Sehnen reifen, während der Geist sich weitet. Gefährlich kann es allerdings dann werden, wenn das Sehnen jemanden derart überwältigt, dass es die Übung lähmt und man – bewusst oder unbewusst – gedanklich zunehmend um sich selbst und das eigene Leiden kreist und sich in der Sorge darüber verstrickt, vielleicht, weil man nicht in der Lage ist, versöhnlich zum eigenen Verlangen zu stehen. Sehnen möchte behutsam mit Offenheit angenommen werden, genauso wie die Liebe, auf die es hinzielt. Nur so verschafft selbst Sehnsucht Klarheit, lenkt reinigend den Geist auf Liebe hin und entzündet ihn. Im Erfülltsein von Liebe ist es leicht, geistig und zugleich sinnlich zu sein. Daher ist es vor allem auch wichtig, die spirituelle Haltung der Sehnsucht zu üben und zu leben, die nichts anderes ist als die freudig erwartungsvolle Vorbereitung auf Liebe, auf deren Ankunft man fest vertraut und bei der mit einem Mal alles Sehnen sich verflüchtigt und die Welt sich im Klang wandelt. Johann Sebastian Bach hat genau diese Thematik in seiner Kantate „Wachet auf, ruft uns die Stimme" vertont.

Je mehr man sich mit Musik beschäftigt, desto größer kann und soll auch das Verlangen nach wirklicher Musik und dem

Aufgehen in ihr werden. Das ist gut und wichtig so, denn sonst würde man an Musik nicht als Mensch wachsen. Man besinne sich immer wieder auf die eigene Liebe zur Musik und versuche die Sehnsucht danach zu fühlen, gerade auch im eigenen Musizieren und vor dem Hintergrund der Gewöhnung an musikalische Praxis und vielleicht sogar der Übersättigung durch sie. Die Liebe – und nur sie – weist den Weg in die Wirklichkeit des Klanges, weil ich diese nur in mir selbst finden kann: Ich setze mich in genauer Kenntnis und dem völligen technischen Beherrschen eines Musikstücks an mein Instrument und spiele in größtmöglicher innerer Bereitschaft und entspannter Offenheit, bewusst, langsam und unter Vermeidung von Virtuosität. Ich versuche, das Stück aus dem Geist heraus entstehen zu lassen, nicht aus den Fingern, und gehe innerlich ganz mit. Fortgeschrittene benötigen hierfür kein Instrument, sondern können das Stück – vielleicht auch eine ganze Symphonie – ohne Noten und ohne einen eigentlichen Spiel- oder Hörakt in der Vorstellungskraft erklingen lassen, nicht als ein Abrufen einer hundertfach gehörten Aufnahme, sondern als nachschöpferisches inneres Musizieren. Der Inhalt dieser Übung liegt im unmittelbaren Erleben von etwas völlig neu im Geist aus sich heraus Entstehenden. Die Qualität dieser Übung liegt hingegen im Grad der Intensität des innerlich wahrgenommenen und erlebten Klangeindrucks. Ein guter Musiker, vor allem ein Dirigent, sollte diese Übung allein in der Vorstellungskraft mehr als eine Stunde lang ohne Unterbrechung und in durchgehend größtmöglicher Konzentration beherrschen.

Musik wird niemals gefunden durch Lektüre, Spieltechnik, Stilkunde, Analyse und Aufführungspraxis, sondern nur durch den Weg in die eigene Tiefe. Selbst im Unterricht ist neben der richtigen Lehre des guten Handwerks die vorgelebte musikalische Beseelung und Sinnlichkeit von größter Bedeutung. Wo nicht ermöglicht wird, dass Studierende dies erfahren können, werden sie in ihrer künstlerischen Entwicklung allein gelassen und, im schlimmsten Fall, sogar behindert. Vertrauenswürdig bleibt immer das authentische Sehnen nach Musik im Bewusstsein, dass diese Töne nicht die Musik selbst sind. Denn die Musik verbirgt sich hinter den Tönen. Und sollte mich die Übung in der eigenen Intuition an einem Punkt dazu antreiben, den Ton auf meinem Instrument vielleicht etwas anders zu formen als auf jene Art und Weise, wie sie mir auf der Hochschule beigebracht worden sein mag, dann sei es so, wenn ich mich auf diese Weise mehr als sonst – oder vielleicht überhaupt erst – eigentlich als Musiker wahrnehmen kann. Und sollte sie mich dazu führen, ein Werk auf ganz andere, abweichende Art und Weise zu spielen, dann sei es so, wenn mir das Stück durch dieses Spiel in seiner Einheit und Vielfalt wesentlich näher tritt als zuvor. Und sollte sie mich zu einer anderen Art zu komponieren führen, als von mir vermeintlich erwartet wird, dann sei es so, wenn diese andere Art zu komponieren meiner eigenen Natur spürbar mehr entspricht. Im Vertrauen auf ein solches „Dann sei es eben so!" beginnt man seinen eigenen Weg zu gehen. Ausdrücklich sei an dieser Stelle betont, dass es hier nicht um Willkür geht: Man sucht sich nicht irgendeine Art und Weise aus – dies wäre Scharlatanerie –, sondern man begibt sich bewusst in einen freien Fall und folgt dem Sog der inneren Schwerkraft. Die Herausforderung besteht dabei weder im „Springen" noch im „Fallen", sondern im Vertrauen darauf, dass man am Ende dieses Fallens irgendwo gleichsam lebendig ankommt und dass dieser Ort dann für einen selbst künstlerisch „richtiger" ist als jener, den man zuvor bewusst verlassen hat.

Die Verwirklichung meines künstlerischen Weges als Musiker liegt darin, dass ich der Spur meines Sehnens nach Musik vertrauensvoll folge und meine Musik diesem intuitiven Verlangen gemäß – im Unterschied zum konstruierenden Willen – entstehen lasse. Für einen angehenden professionellen Musiker wird dabei eine gründliche musikalische, instrumentale, intellektuelle und kulturelle Bildung – nicht allein im Sinne von „Wissen", sondern ganz besonders auch im Sinne einer heute nahezu verloren gegangenen „Formung" als ganzer Mensch – eine notwendige Begleitung. Ansonsten würde nämlich die Gefahr drohen, dass jener Weg zur Musik einem im Grunde dilettantischen Herumirren in den Abgründen musikantisch-spekulativer Ideen, der schablonenhaften Anwendung kanonisch empfundener Interpretationsvorschriften, dem Nachspielen von Aufnahmen, Hörgewohnheiten, Hörerwartungen oder aber eines bewusst gesuchten „Irgendwie-anders-Spielens" zum Opfer fällt. Die wechselseitige Integration von gründlicher Bildung, Kunst und Menschsein ist zwar keine Bedingung für das grundsätzliche Gehen eines inneren Weges in der Musik. Aber ist sie Voraussetzung für das Erreichen wesentlicher Fortschritte in allen relevanten Bereichen. Denn man muss den Ansprüchen und Gefahren des gegenwärtigen professionellen Musikbetriebs, der die lebendige, wirkliche Musik beinahe schon ausschließt, gewachsen sein. Dadurch wird der Musikberuf aber noch einmal schwieriger, als er es ohnehin schon ist.

Vor allem zu Beginn ist es ohne richtige Anleitung überhaupt nicht leicht, den Unterschied zu finden zwischen dem, was „von einem selbst" kommt – beziehungsweise aus der eigenen Künstlerpersönlichkeit heraus entstehen möchte –, und dem, was man als möglicherweise zu Überwindendes bereits vorgegeben bekommen hat, ganz besonders dann, wenn man durch dieses in der eigenen musikalischen Spiel- und Interpretationspraxis schon stark vorgeformt wurde. Wie findet man ohne Führung zu einem Ausbruch aus einem Milieu, in welchem beinahe alle Formungstendenzen, Vorgaben, Erwartungen und Impulse in die falsche Richtung weisen, nämlich weg von einem vom Feuer der Innenwelt beseelten, authentischen Künstlertum? Der klassische Musiker kann hier auf zwei sehr naheliegende Hilfen vertrauen: Die erste ist die eigene Intuition, die über Jahre hinweg ebenso zu trainieren und zu schärfen ist wie das Gehör. Dieses muss, neben dem Handwerklichen, auch auf Sonanz und auf sinnlichen Wohlklang sowohl im Bereich der Harmoniebildung als auch – was bei vielen Instrumenten zunehmend vernachlässigt wird – im Bereich der lebendigen Tongebung am eigenen Instrument geschult werden, ganz gleich, ob dieses nun ein Streichinstrument, die eigene Stimme oder etwas anderes ist. Das Ziel ist dabei, in der Gestaltung zu einem „Singen" zu finden, das unmittelbar beseelt ist: Nicht einfach Töne greifen, sondern lernen, die Melodien und Klänge mithilfe des eigenen Instruments auszusingen. Die zweite Hilfe aber ist der kulturelle Hintergrund der überlieferten kunstmusikalischen Meisterwerke, die uns als musikalische Schöpfungen vermitteln können, was Musik ist, welche Formen der Schönheit sie aufweist, was sie ausdrücken kann und was sie bedeutet. Die großen Werke unserer eigenen Geschichte vermögen uns zu allen Zeiten Wesentliches über Musik zu vermitteln – und diesem können wir immer nachspüren. Die essenzielle Bedeutung der Musik von Johann Sebastian Bach, Wolfgang Amadé Mozart, Ludwig van Beethoven, Franz Schubert und anderen findet hierin ihre Begründung. Und sie geht selbst dann nicht völlig verloren, wenn Darbietungen zum Beispiel der Präludien und Fugen Bachs oder der

Klaviersonaten Beethovens den Anschein erwecken mögen, als würde man sie nur mehr künstlich am Leben erhalten, als würde inmitten eines Dickichts an veräußerlichten Effekten, die das Publikum zu imponieren suchen, die Essenz des vom Komponisten Gemeinten kaum eine oder überhaupt keine primäre Rolle mehr spielen. Denn in dieser Musik verbirgt sich etwas Ursprüngliches, das keine entseelte Indolenz und keine werkfremde, die Gestalt vielleicht noch so verzerrende Interpretationsvorgabe und keine willkürlich konstruierte Spielweise jemals vollständig totbekommen kann. Dieses musikalisch Ursprüngliche steht so sehr über den Zeiten und Moden, dass es aufseiten des Musikers zwar gewiss intensive Auseinandersetzung und einen langwierigen, oft schwierigen Lern- und Verstehensprozess notwendig macht, aber dennoch von sich aus keinerlei Variation und keines Hinzutuns bedarf. Vielmehr ist eine Klanggestalt dann vollendet, wenn sich die Musik in ihrer puren Reinheit vollkommen genügt und frei ist von einem von außen in das Stück hineingetragenen Umgestaltungswillen – selbst von einem, der sich vielleicht mit einem Mantel von „Werktreue" oder „historischer Akkuratesse" tarnt. Denn Musik ist schlichtweg so, wie sie ist. Sie benötigt für sich kein Hinzutun. Auf die genuine Unmittelbarkeit von Musik kann man fest vertrauen.

Wenn aber ein auf eine bestimmte Weise gespieltes Stück selbst dem Interpreten mit der Zeit langweilig und schal erscheint und er aus diesem Grund eine andere Gestaltungsweise sucht oder gar aus dem Wunsch heraus, sich von bekannten Formen abzusetzen oder das Publikum zu befeuern, macht er im Grunde genommen gar nichts richtig. Denn man macht in diesem Fall die veräußerlichte Spielweise als eine nach Gutdünken und Willkür austauschbare Normlosigkeit zur Methode und erklärt Argumente (z. B. der

Werkinterpretation, eines Stilverständnisses oder des schnöden Effekts) zur Maxime, die man von außen in die Klanggestalt eines Stückes hineinträgt. Dies führt aber bloß zu einem distanzierten Kreisen um ein Werk, nicht zum Eindringen in seine Substanz. Man sagt sich auf diese Weise von wirklicher Auseinandersetzung mit dem Werk los, weil dem Musikstück austauschbare Hüllen bloß übergestülpt werden und das eigentliche Stück nur als Vehikel für diese Äußerlichkeiten fungiert, nicht aber jene Botschaft von sich aus transportieren kann, die es eigentlich genuin in sich birgt. Dadurch wird etwas, das einst einmal Kunst gewesen war, zu einem beliebig austauschbaren Konsumprodukt. Schlimm ist, dass die Menschen heute so sehr daran gewöhnt sind, ein solches Erzeugnis vorgesetzt zu bekommen, dass nur mehr wenige Menschen imstande sind, die Unterschiede auch wirklich zu hören und zu erkennen. Daher setzt sich selbst echte, originäre künstlerische Qualität auch nur noch in Ausnahmefällen in der Öffentlichkeit durch, nämlich dann, wenn das klingende Gebilde die veräußerlichten Anforderungen an das Konsumgut mehr oder minder zufällig ebenfalls erfüllt. Solange die Spielweise eines Stückes nicht aus dem authentischen Erleben innerhalb des musikalischen Aktes abgeleitet wird und dadurch für einen Musiker individuell normgebend wird, dass durch ihn die Klanggestalt als etwas dem Stück Wesenseigenes und Ursprüngliches entsteht, das eben keinerlei von außen gesteuerter Variation und Veränderung mehr bedarf, um noch vollendeter zu erklingen, so lange nähert man sich als Interpret auch nicht dem Kern eines musikalischen Kunstwerkes.

Nicht der Wille führt in die Musik. Vielmehr ist es das Sehnen in den Formen gegenstandslosen Verlangens und hoffnungsfroher Bereitschaftshaltung, wodurch ein Eintreten in die Lebensfülle der Klangwirklichkeit möglich wird.

Ein über Jahre und Jahrzehnte innerlich gereifter Musiker, der die Tore dieser höheren als der bekannten Welt nicht bloß aus der Ferne einmal geschaut, sondern sie vielmehr regelmäßig zu durchschreiten gelernt und dahinter eine geistige Heimat gewonnen hat, lebt mit dem ständigen Wunsch, den Weg in diese vollkommenere, eigentliche Wirklichkeit stets aufs Neue zu gehen und jederzeit zu ihr zurückkehren zu können. Er lebt in der tiefen Sehnsucht nach der „Gnade", in ihr verweilen zu dürfen, wann immer es nur möglich ist. Denn er hat gelernt, in einer Welt des lichten Geistes zu leben, die heller, wirklicher und erfüllter ist als die profane, allgemein bekannte Realität. „Der Welt abhanden gekommen" sein, wie es in einem Gedicht von Friedrich Rückert heißt, ist der verklärende Ausdruck des Aufenthalts in dieser höheren Wirklichkeit:

> „Ich bin gestorben dem Weltgetümmel,
> Und ruh' in einem stillen Gebiet!
> Ich leb' allein in meinem Himmel,
> In meinem Lieben, in meinem Lied!"

Die wiederholte Rückkehr aus diesem hellen Reich der Klänge, das Wiedererwachen nach dem Verstummen der Musik im Geist, das zugleich auch ein Verklingen des Geistes in Musik ist, kann indessen verbunden sein mit einem regelrechten Schrecken des „Zurückfallens" in die schmerzvoll kalte Fremde des Diesseits, einem *Horror Reditūs*, dem vielleicht eigentlichen Urgefühl von Geborenwerden, das nichts anderes ist als das plötzliche Wiedererfahren von relativer Unverbundenheit. Geschieht dieser Eindruck häufig, kann man in der Folge zu einer wiederholten, wechselseitigen Umkehrung der subjektiven Eindrücke von Geborenwerden und Sterben gelangen: Das Wiedererwachen während der Rückkehr in die Realität wird gleichsam ein Zurücksterben beim Fallen aus der als eigentlich empfundenen Wirklichkeit, während das durch die Musik bewirkte Aufsteigen und Übergehen in das höhere Leben als eine Art Wiedergeburt empfunden werden kann. Andererseits wird man vor die schwierige Aufgabe gestellt, diese Prozesse des Übergangs in die eigene Lebenspraxis zu integrieren, wodurch die Forderung eines Zulassens und Bejahens zur persönlichen moralischen Konsequenz wird. Die Synthese erscheint erreichbar, wenn man für sich lernt, beides anzunehmen: Die Vollendung von Geburt liegt demnach im gelebten Sterben, das in gewisser Weise zugleich ein Geborenwerden ist und umgekehrt.

Die Romantik lehrte uns, den Zustand lichter Seligkeit zu überhöhen, das Hinübergleiten auf eine andere Seite als letzte Konsequenz künstlerischer Verklärung anzuerkennen und zu erträumen. Die einstweilige Verweigerung eines Ewig-verweilen-Dürfens in der lang gesuchten inneren Heimat aber als Fluch des Lebens zu empfinden, ist die natürliche Konsequenz davon: Man ist gezwungen zur ständigen Rückkehr aus dem geliebten Land der ewigen Klänge in die diesseitige Welt, in der man schließlich meint, als rastlos umherwandernder Fremder zu leben bestimmt zu sein, ähnlich, wie es im Gedicht von Georg Philipp Schmidt von Lübeck lautet, das Franz Schubert in seinem berühmten Lied „Der Wanderer" vertont hat:

„Die Sonne dünkt mich hier so kalt,
Die Blüte welk, das Leben alt,
Und was sie reden, leerer Schall,
Ich bin ein Fremdling überall."

Die Romantik lehrte uns aber nicht das aktive Leben mit diesem Los, das man auch als einzigartiges Geschenk begreifen kann. Es besteht weder aus einer den Tod ersehnenden Verzweiflung am irdischen Dasein noch aus einer die diesseitige Welt ausschließenden Hinwendung zum Metaphysischen als vermeintlich einzigem, wahrem Ziel allen irdischen Strebens. Ein dürrer Acker wird nicht dadurch fruchtbar, dass der Bauer auf die hohe See flieht. Vielmehr besteht das Leben mit dieser Gabe schlicht darin, bewusst und inspiriert damit zu leben und Ja zu sagen gegenüber einem solchen Leben, ganz gleich, welchen persönlichen Preis es auch fordern mag. Man nimmt es an und lebt mit größtmöglichem Gleichmut damit, nicht als rast- und zielloser Wanderer, sondern, wenn man so will, als Wächter und Überbringer einer lebendigen, inneren Flamme, die man mittels der eigenen Kunst weiterzugeben berufen ist – aller vielleicht voranschreitenden Entfremdung vom Diesseits als Folge des Hin-und-her-Schreitens zwischen beiden Welten zum Trotz. Ein gleichermaßen in beiden Welten lebender Künstler behält stets den Zugang zum Feuer, das unauslöschlich in seinem Inneren brennt. Jedes Überbringen dieser Lebensflammen mittels des künstlerischen Schöpfungsakts bedeutet ein Jasagen gegenüber der diesseitigen Welt und der Menschheit. Daher ist die so erbrachte künstlerische Leistung immer auch eine moralische.

Brüder, überm Sternenzelt muss ein lieber Vater wohnen.
(Friedrich Schiller)

Musik und Religion

Musik ist, wie jede andere Kunst, keine Religion. Wäre sie es, könnte und würde sie in rechtmäßige Konkurrenz zu jeder bestehenden Religion treten. Musik hat, wie jede andere Kunst, auch keinen eigenen Gottesbegriff und keine Theologie. Denn in ihrem Zentrum steht natürlich nur der Gegenstand, den sie repräsentiert, selbst wenn er, wie im Fall der Musik, nicht einmal eine materielle Ausdehnung besitzt. Dennoch ist Musik im Kern ein Zugang zur Gegenwart des Göttlichen eigen wie den höchsten Formen des religiösen Gebets. Dieser Zugang besteht für sich und außerhalb aller Möglichkeiten der Verschränkung mit Religion und der Vereinnahmung durch sie oder auch sonstigen Dingen wie Politik, Pädagogik, Psychologie und all deren Schattenseiten wie Fanatismus, Unterdrückung und Manipulation.

Musik war zu allen Zeiten legitime Dienerin der Religionen und ihrer praktischen Übungen. Insbesondere innerhalb der Religionen fühlten sich Künstler der Menschheitsgeschichte nicht nur frei zur Ausübung ihrer Kunst, sondern sogar darin bestärkt, auch über die reine Berufspraxis im rituellen Kontext hinaus. Dabei spielt es nicht einmal eine besondere Rolle, ob für religiöse Musiker die Musik nun das Ventil für ihre persönliche Religiosität oder die religiöse Praxis der Ort für ihre Musik war. Denn wenn Musik sich einmal mit dem religiösen Gebet wirklich vereint hat, ist es unbedeutend, ob zuvor vor allem die Musik oder das Gebet für sich bestanden hat. Beides musste zumindest grundlegend vorhanden sein, um sich mit dem anderen zu vereinen. Letzten Endes ist es auch im Sinne beider, denn so, wie gemäß einer religiösen Lebenseinstellung „alles zum Gebet" werden kann, darf für einen Musiker auch „alles zum Klang" werden – womit aber nicht gesagt ist, dass dies jeweils auch so sein müsse, oder selbst, dass mit einer solchen Grundhaltung im Sinne von „alles ist Gebet" oder „alles ist Klang" auch zwingend die einzige oder beste Lebensform erreicht werden würde. Ganz im Gegenteil: Solange nicht eine aktive, nach außen gewandte Lebensweise den steten Zugang zu ihrem unerschöpflichen Quell behält und permanent wiederherzustellen vermag, muss sie auf Dauer sogar scheitern. Man bepflanzt eine Wüste schließlich auch nicht mit einem einmal angefüllten Kanister in der Hand, sondern indem man den kargen Boden mit dem frischen Wasser aus der nicht versiegenden Quelle dauerhaft bewässert.

Somit kann auch Kunst den entsprechend Veranlagten zur spirituellen Praxis und zum lebendigen Ausdruck der Beziehung des Menschen zum göttlichen Geist werden. Von Ludwig van Beethoven soll eine Aussage stammen, die Bettine von Arnim in einem Brief an Johann Wolfgang von Goethe überliefert:

> „So vertritt die Kunst allemal die Gottheit, und das menschliche Verhältnis zu ihr ist Religion; was wir durch die Kunst erwerben, das ist von Gott, göttliche Eingebung, die den menschlichen Befähigungen ein Ziel steckt, das der Mensch erreicht."[26]

---

[26] Bettine von Arnim: *Goethes Briefwechsel mit einem Kinde*, Brief an Goethe vom 28. Mai 1810, Frankfurt a. M. 1984, S. 386.

Bei einem Künstler kann sein tiefstes künstlerisches Erleben in einen sehr unmittelbaren Bezug zu seinem Erfahren der Gottheit treten, das, wenn es auch theologisch nicht notwendig fasslich oder gar definitionsgemäß sein muss, jedenfalls ganz ursprünglich ist und individuell dem Künstler und seinen Fähigkeiten gemäß, denn sonst könnte er diese Erfahrung gar nicht erst machen. Um erneut die bereits erwähnte Metapher vom Becher im Ozean aufzugreifen: Das Wasser des Ozeans füllt und umschließt einen Becher ganz nach seiner eigenen Form, nicht nach der Form des Ozeans. Und es erfüllt ihn ganz und gar nach seinem eigenen Fassungsvermögen, nicht nach dem Volumen der gesamten Fülle aller Meere.

Spiritualität richtet einen Menschen auf eine hinter den materiellen Dingen liegende Wirklichkeit aus, die ebenso auch hinter musikalischen Klängen wahrgenommen werden kann. Das nur Ertönende bezeichnet man im allgemeinen Sprachgebrauch als Musik, während man aber dem dahinterliegenden Eigentlichen keinen Namen gegeben hat. Der Begriff „Musik" steht dabei auch stellvertretend für alles hinter dem Erklingen Liegende, das an der Tonkunst Anteil hat. Als Folge dieses Mangels an Ausdrückbarkeit kann aber dieses hinter dem Hörbaren Verborgene im intellektuellen Nachdenken über Musik keine Berücksichtigung finden, denn man kann verstandesmäßig nicht hinreichend erfassen, was man nicht konkret benennen oder definieren kann. Dies ist jedoch nicht nur ein Mangel, sondern auch ein würdiger Schutz des begrifflich nicht Benennbaren.

Nichtsdestoweniger ist und war seit jeher eine echte mystische Spiritualität Grundlage für moralisches Denken der Natur und den Menschen gegenüber. Zugleich ist sie auch Wurzel und Quelle lebendiger menschlicher Kultur. Und sie vermag diese auch zu jeder Zeit aus jeglichem Zustand von

Verkümmerung, Zerstörung oder Tod wiederzubeleben, zu erneuern oder auch völlig neu zu gebären, ganz gleich, welche verschiedenen Formen dann auch neu entstehen mögen: Denn was wirklich zählt, ist stets die Lebendigkeit von Kultur, keineswegs der eventuelle Grad ihrer Neuheit. In ihrer unzerstörbaren Fähigkeit zum Leben und Entstehen liegt eine der größten Hoffnungen für menschliche Kultur schlechthin, selbst dann, wenn sie zu manchen Zeiten vielleicht nur ein kärgliches, verborgenes Leben entfalten mag, vereinzelt und verstreut. Tatsächlich liegt eine der verlässlichsten Sicherheiten für das Vertrauen darin, dass eine bloße menschliche Zivilisiertheit grundsätzlich auch stets imstande ist, genuine Kunst hervorzubringen und sich grundlegend zu wandeln.

Wer als religiöser Mensch die Gottheit als alle Grenzen und Gegensätze übersteigende Liebe erfährt, kann Musik als den unmittelbaren Ausdruck eben dieser Liebe erleben. Kunst ist nicht die Liebe selbst, aber sie entsteht in ihr und wird über ihren Anteil am Diesseits zur Mittlerin. Das Geheimnisvolle an Kunst besteht darin, dass sie als etwas durch menschliche Befähigung Erreichbares, Gegenständliches, Endliches und Geschaffenes zur Mittlerin für das Ungegenständliche, Ewige und Ungeschaffene werden kann, das sie dem Menschen erreichbarer macht und ihn so seinen eigenen Anteil daran erkennen lässt. Und daher hat auch die Kunst seit jeher einen Anteil an dem, wofür sie steht. Ein aus solcher Liebe heraus schöpfender Künstler steht somit sehr oft auch „neben" oder „über" einem theologischen Gottesbegriff. Ähnlich wie auch der religiöse Mystiker, dem sich wie vielleicht keinem anderen die Bedeutung der Worte „Gott ist" und „Gott ist da" in ihrer ganzen Tiefe erschließt, einer Theologie eigentlich kaum bedürfte. Denn er ist imstande, in seinem eigenen Erkennen zu leben. Durch das Feuer des inneren göttlichen

Kerns, wenn man es so sehen will, wird auch erst die Kunst bewirkt. Bei Rumi heißt es:

> „Die Liebe hat mir meine geistigen Übungen weggespült
> und mich mit Musik und Gedichten erfüllt!
> Ich musste klatschen und singen!
> Ich war ein Stück Holz, das in dein Feuer fiel
> und sofort in Rauch aufging."[27]

Unsere europäische Kunstmusiktradition ist eine Synthese aus vorbehaltloser, innerer Hingabe an die Musik und einer aktiven schöpferischen Kraft, die dem Inneren entspringt und als sinnlich wahrnehmbare Kunstgestalt nach außen brennt. „Ichlosigkeit" im Sinne eines Abbaus des „Ego" bedeutet in unserer Musiktradition Bereinigung und Reduktion, Abbau von Eitelkeiten und von falschen Regungen mit dem Ziel der ungehinderten Freisetzung der inneren schöpferischen Kräfte, die sich, wie ein Lichtstrahl im Prisma, im Spiegel der Künstlerpersönlichkeit und ihrer Lebensreife brechen und in mannigfacher Form als verklärte Leidenschaften, als Varianten der einen Liebe nach außen dringen. Sie unterscheiden sich von der Willkür und einem oberflächlichen Gestaltungswillen durch eine innere Notwendigkeit, die mit ihnen einhergeht. Im religiösen Sinn ist Kunst daher unmittelbar gelebte und sinnlicher Gegenstand gewordene Erscheinung der einzigartigen Beziehung des Menschen zu seinem inneren göttlichen Kern, jenem dem Schöpfungsfeuer entsprungenen Seelenfunken, der die Gotteskindschaft bewirkt. Sie ist wahrnehmbare, Abbild gewordene Gottesliebe und damit, falls man es so bezeichnen wollte, in gewisser Weise

---

[27] Rumi: *Die Musik, die wir sind*, Freiamt 2009, S. 70.

lebendiges Gebet, das in der Ausdrucksform Kunst in Erscheinung tritt. Selbst das Nachschaffen von schon bestehender Kunst, wie es etwa beim Spielen eines bereits komponierten Werkes der Fall ist, kann in diesem Sinne „Gebet" sein, auch dann, wenn die Komposition selbst ursprünglich nicht als religiöses Werk geschrieben wurde. Als nach außen erklingende Musik nimmt jene Beziehung nach innen vielfältige sinnliche Gestalt an und kann sich in mannigfachem Ausdruck von heiterer Ruhe und stillem Erfülltsein ebenso äußern wie in Trauer, in klagender Sehnsucht, stürmischem Brausen, in lautem Schreien oder ausgelassenem Lachen. Es wäre somit ein Irrtum anzunehmen, dass religiöse Musik sich durch eine ruhige, fromm verklärte und stille Gestalt auszeichnen müsse. Wer so denkt, kennt wahrscheinlich keine Messen von Mozart! Die kirchenmusikalische Funktion einer Komposition kann dies natürlich im Interesse von Zeremonie und Andacht von einem Werk fordern. Dadurch werden aber – liturgisch gewiss auch legitime – Erwartungshaltungen in die Musik hineingetragen, deren Erfüllung ihr zwar möglich ist, ihr aber nicht zwingend liegt. Denn wesenseigen ist der Musik die gesamte Fülle aller Sinnlichkeit, die durch ihre Vermittlung aus dem Inneren der schöpferischen Persönlichkeit unverhüllt nach außen dringt und Gestalt annimmt. Aus diesem Grund steht Musik auch unerreichbar über allen Theorien, Konzepten und Anschauungen.

Musik ist den religiösen Menschen aller Epochen aber nicht nur Metapher und Mittel zu ihrem ureigenen Lobpreis gegenüber Gott, sondern sie gilt ihnen, vielleicht aufgrund ihrer Mittlerrolle, auch überhaupt als göttliche Sprache und als ein Geheimnis hinter der gesamten geschaffenen Welt. Der Zusammenhang, den Menschen zwischen Musik, Seele, Natur und der ganzen Welt sehen, geht weit über die abendländische Tradition und Ciceros *Traum des Scipio* oder Platons Schöpfungsbericht im *Timaios* hinaus zurück bis in die Welterschaffungsmythen ältester Völker und Kulturen. Nichtsdestoweniger bildet diese sogenannte „harmonikale" Mystik und Symbolik – begegnen wir ihr nun in Form der antiken Anschauung von einer Harmonie des Weltalls, der christlichen Vorstellung von einer Musik der Engelschöre oder der neuplatonischen Lehre von einer Harmonie von Leib und Seele – letztlich nur einen Kanon von bildhaften Erklärungsversuchen für diese einzigartige Beziehung zwischen Musik und dem Metaphysischen. Diese Bilder sind nichts weiter als vielgestaltige theoretische Konzepte mit einem Überbau von Philosophie, Kosmogonie, Theologie und Weltanschauung, sie sind intelligente Lehren, die in etwas ursprünglich in Musik Erfahrenem wurzeln. Dennoch beeindrucken die Schönheit, der überragende Einfluss und die enorme Langlebigkeit dieser Konzeptionen in unserer Geistesgeschichte.

Im Zentrum steht aber immer der gelebte innere Weg mit Musik. Musik muss nicht „Weg" sein, noch nicht einmal für Musiker, aber sie kann dazu werden. Und wie jeder wirkliche innere Weg ist auch der musikalische ein Weg der Liebe und er ist erfüllt von Klang. Als Weg, der auf einen bestimmten Gegenstand – nämlich Musik – bezogen ist, zielt er auf die Vervollkommnung in und durch die musikalische Praxis, ganz unabhängig davon, ob diese darüber hinaus auch noch eng mit dem Leben und der Praxis etwa einer abrahamitischen Religion verschränkt sein mag, mit einem Zen-Weg einhergeht oder mit einer zwar echten geistigen, aber säkularen Grundhaltung. Für die Musik selbst ist es im Grunde zunächst auch irrelevant, ob sie nun aus dem Glauben an den gekreuzigten Christus heraus, über den Text des

Herz-Sutras oder als wortloser Hymnus über die überwältigende Natur komponiert wurde, solange sie nur authentisch aus dem Inneren kommt. Daher ist ein viel geäußerter und viel geglaubter Satz wie jener, dass nur wirklich komponieren könne, wer auch an Gott glaubt, eigentlich ein Irrtum, zumindest aber ist er äußerst missverständlich. Was in der Musik vor allem zählt, ist die Öffnung nach innen und das wache, achtsame Leben in Musik. Dies kann mit einem konkreten religiösen Glauben einhergehen, muss es aber nicht. Nimmt ein bestimmtes Musikstück hingegen eine funktionalisierte Rolle ein, zum Beispiel als kirchenmusikalische Komposition, dann kann die Motivation des Komponisten im Interesse dieser Funktion natürlich eine Rolle spielen. Immerhin darf beispielsweise auch die katholische Kirche fordern, dass ihre liturgische Musik von gläubigen Katholiken geschrieben und praktiziert wird. Die Musik selbst aber „glaubt" nicht, sie „betet" auch nicht, sondern sie „ist" einfach nur: Der Mensch ist der Gläubige, nicht die Musik. Für den musikalischen Gehalt ist ein religiöser Glaube ein Zusatz, der von außen an ein Werk herangetragen wird. Er ist daher auch nicht die eigentliche Substanz eines Kunstwerks, die unabhängig für sich steht. Ein solcher hineingetragener Zusatz gewinnt abseits der Funktionalisierung des konkreten Musikstücks künstlerisch allerdings dort an Bedeutung, wo er die Innerlichkeit der musikalischen Empfindung verstärkt. Diese Verstärkung besteht dann jedoch meist nur in Abhängigkeit von jenem Zusatz. Er überträgt sich als etwas Hinzugefügtes nicht auf die musikalische Substanz, sondern besteht neben ihr. Der religiöse Hintergrund und die theologische Deutungsebene in den kirchenmusikalischen Werken von Johann Sebastian Bach kann etwa das ohnehin für sich bestehende Erleben seiner Musik als ein Zusatz bestärken und das Verstehen fördern. Aber rein künstlerisch wird Bachs Kirchenmusik dadurch nicht gegenüber denjenigen seiner Werke überhöht, die nicht für die Kirche komponiert wurden. Zwar gibt es kein säkulares Werk von Bach, das mit seinen Passionen oder der h-Moll-Messe vergleichbar wäre. Ursache hierfür sind aber die Lebensumstände und das Umfeld des Komponisten. Zieht man jedoch den Vergleich etwa zwischen seiner Orgel- und Klaviermusik, wird offenkundig, was gemeint ist: Das *Wohltemperierte Klavier* ist den Toccaten und Fugen für Orgel oder den Choralvorspielen aufgrund seiner außerkirchlichen Funktion künstlerisch keineswegs nachgereiht. Dass man es theologisch nicht auf die gleiche Weise fassen oder interpretieren kann, mag es als Werk vielleicht spröder und schwerer verständlich erscheinen lassen, weil man sich ihm über andere Deutungsebenen nicht so weit annähern kann wie vielleicht anderen Werken. Man darf aber nicht übersehen, dass derartige Bezüge einen von außen in die Musik hineingetragenen „Sinn" darstellen, den man ihr gibt. Sie wird in ein Netzwerk von Gedanken, Glaubensinhalten und Konzepten hineingeknüpft, die als Beiwerk an die Musik herangetragen werden. Aber im Kern steht dieser von außen kommende „Sinn" lediglich neben der Musik und nicht in ihr. Religion kann Musik einen eigenen „Sinn" geben, aber die Musik für sich genommen bedarf dieses Sinnes nicht. Die im Kern bestehende Unabhängigkeit von Musik gegenüber allen Systemen, Theorien, Anschauungen und eben auch Theologien ist kein Mangel, sondern eine eigentlich wunderbare Eigenschaft, die ihre Universalität und ihre Teilhabe an allen Religionen mitbegründet.

Gehen wir als Menschen unseren Weg mit Musik, können wir uns zwar auch einem musikfremden „Sinn" verschreiben, liege dieser nun im Dienst an einer Religion, in einer politischen oder weltanschaulichen Haltung oder anderem. Wir können damit auch mehr oder minder glücklich werden und für uns selbst unsere persönliche Erfüllung darin finden oder eben auch nicht. Relevanz für den Weg der Musik hat jedoch allein die innere Auseinandersetzung mit dem Musikalischen und das innere Reifen an Musik, ganz gleich, ob es sich dabei nun um Bachs *Matthäuspassion* handeln mag oder um die *Alpensinfonie* von Strauss. Wir üben uns in der Fähigkeit, Bedingungen für etwas zu schaffen, das unserer Liebe zur Musik nachspürt, sie vergrößert und immer weiter verwirklicht. Immerhin ist ein solcher Musiker auch nichts anderes als ein Mensch, der die Musik liebt und den Weg der Vervollkommnung dieser Liebe geht.

Diesen Weg gehen wir, und zwar mit den Mitteln der Musik und der musikalischen Arbeit: Wir üben, etwa an unserem Instrument, Aufmerksamkeit, Fokussierung und Reduktion. Technische Übungen stärken unsere Fähigkeit zur Realisierung eines Stückes, theoretische Studien schärfen unseren Verstand und trainieren unsere Fähigkeit zur Korrelation und zum musikalischen Denken. Zahlreiche Wiederholungen beim Üben wie auch in den Proben konfrontieren uns mit den Herausforderungen der Routine und lenken unsere Achtsamkeit auf die unermessliche Vielfalt der Bedingungen, aber auch auf die Mannigfaltigkeit der Gestaltungsmöglichkeiten innerhalb der durch die Noten vorgegebenen Einheit eines musikalischen Werkes: Spielen wir auch hundertmal hintereinander ein und dasselbe Stück, so kann doch immer etwas anderes, Einzigartiges, Unwiederholbares entstehen. Unsere Aufgabe besteht darin, in der Reduktion diejenige eine, integrierte Klanggestalt zu finden, die, während wir uns von unserer Intuition führen lassen, im Hier und Jetzt in uns geboren wird, sie versinnlicht als real

Erklingendes entstehen zu lassen, aus der inneren Stille des gegenwärtigen Moments heraus und in vollständiger Hingabe an unsere Liebe, an unser Sehnen und an unsere Leidenschaft, aller Routine zum Trotz.

> Es war einmal ein Fischer, der sein kleines, eng geknüpftes
> Fangnetz gegen ein langes Seil eintauschte. Dieses Seil
> legte er um den ganzen See und holte es wieder ein.
> Sodann behauptete er, er habe den See leer gefischt.
> (D. S.)

Demut

Die meisten Verbrechen an der Kunst können darauf zurückgeführt werden, dass eine Person einer anderen einmal gesagt hat, wie ein bestimmtes Kunstwerk beschaffen sei oder wie es zu sein habe. Das einzelne Kunstwerk, vor allem aber das Meisterwerk, steht nicht isoliert über, unter oder neben dem intuitiven Empfinden des nachschöpferischen Künstlers. Es ist sehr wichtig, hier richtig zu verstehen, was intuitives Empfinden ist und was nicht: Jeder reproduzierende Künstler hat das Grundrecht, ein Werk im Zuge der Auseinandersetzung auf die ihm gemäße Art und Weise zu erleben und dementsprechend nachzuschaffen. Jedoch ist dies keineswegs mit einer Vollmacht gleichzusetzen, es nach Gutdünken von dessen Empfindungsgehalt gelöst oder gar rein technisch oder rational zu interpretieren, wie es heutzutage häufig geschieht: Vermessenheit, übersteigert entseelter Intellektualismus, Unempfindlichkeit gegenüber Musik und die Emanzipation einer entwurzelten Technik waren die Ursache für den Tod unserer Kultur und führten in die Beliebigkeit und Bedeutungslosigkeit vieler Produktionen im heutigen Musikbetrieb. Umgekehrt steht das Kunstwerk für sich zwar unantastbar über der willensbedingten Interpretation durch den ausführenden Künstler, nicht aber über dessen wirklicher Empfindung, in der es – als Seele und nicht als Verstand – erst eigentlich an Form gewinnen kann und muss. Dies gewährt dem nachschöpferischen Künstler zwar keineswegs die uneingeschränkte Erlaubnis zur Eigenmächtigkeit hinsichtlich der Gestaltung, räumt ihm aber gleichwohl das Recht wie auch die Pflicht ein, sich in dem Kunstwerk – und durch es – zu verwirklichen und nicht mehr, aber auch nicht weniger. Dabei ist diese Verwirklichung aber niemals eine das Kunstwerk beherrschende, sondern immer eine dienende. Der Künstler verwirklicht sich durch den Dienst am Werk, indem er es in seinem Inneren sich entfalten und es mittels seiner Inspiration versinnlicht entstehen lässt. Wo sich jemand beobachtend, kontrollierend und arrangierend zum Kunstwerk verhält, so sagte einmal Wilhelm Furtwängler, stehe diese Person nicht mehr „im" Kunstwerk, sondern „daneben",[28] vergleichbar mit jenem schon zuvor erwähnten Dasein und Wegsein: Man wird nicht vom musikalischen Werk gänzlich durchdrungen und gelangt auch zu keiner Selbstidentifikation mit ihm; vielmehr modelliert man gewaltsam – weil die Form hier nicht von innen kommt – an seiner äußeren Oberfläche herum und ersetzt von außen, was von innen heraus nicht entstehen will, nämlich eine ureigene, natürliche Ausdrucksgestalt. Genau dies ist eines der fast allgegenwärtig anzutreffenden Grundprobleme der Musiziertechnik in der heutigen Zeit.

Dass für einen derartigen Behelf, zu dem man aufgrund des Mangels an wahrhaftem Kunstsinn greift, eine um ihrer selbst willen verselbstständigte Spieltechnik notwendig ebenso an Bedeutung gewinnen muss wie die auf Publikumswirksam-

---

[28] Wilhelm Furtwängler: *Gespräche über Musik*, Zürich u. a. 1949, S. 68f.

keit abzielende, sichtbare Pose und Manier eines Dirigenten oder Virtuosen, leuchtet ein. Eine Verselbstständigung von Technik führt zwingend zu einer Verflüchtigung von künstlerischer Substanz. Hochgehaltenes Artistentum führt aber seinerseits in oberflächliche Sensationslust. Aufseiten des Publikums ist das Gegenstück von Virtuosentum folglich die Berauschung an der Sensation des „Events". Furtwängler sagte einmal sehr treffend:

> „Eine als Selbstzweck erworbene Technik läßt sich schwer beeinflussen, beeinflußt aber ihrerseits; standardisierte Technik schafft rückwirkend standardisierte Kunst. Die Folge ist eine wachsende Entleerung und Entseelung der Kunst, die – zum allgemeinen Erstaunen – im selben Maß, wie sie ‚gekonnter' wird, immer überflüssiger zu werden scheint."[29]

Es wäre jedoch naive Dummheit, hieraus eine Forderung nach Dilettantismus ableiten zu wollen. Wichtig ist es, sich vor Augen zu halten, dass es Furtwängler keineswegs um eine Kritik an Technik an sich ging. Vielmehr richtete sich seine Kritik gegen das bereits damals (1938/39) bestehende und heute in noch viel stärkerem Ausmaß klaffende Missverhältnis zwischen der technischen und der „seelischen" Seite der Kunst, infolge dessen unsere heutige Gesellschaft schon bedrohlich weit darin fortgeschritten ist, Musik als Kunst überhaupt abzuschaffen und nurmehr eine weitgehend leblose, ausgehöhlte Schale zu polieren, insbesondere dort, wo man im Allgemeinen glauben mag, die Kunst würde am kompromisslosesten hochgehalten werden, nämlich in den großen Konzertsälen und traditionsreichen Institutionen.

---

[29] Ebd., S. 73f.

Man würde jene Aussage gründlich missverstehen, wollte man hier eine pauschale Forderung nach einer Abnahme von Handwerkstechnik hineinlesen. Vielmehr geht es um die Unerlässlichkeit, die bereits seit Generationen zum Regelfall gewordene Entwurzelung und Trennung des Ausdrucks vom Werk aufzuheben. Die schon bis ins Klischeehafte strapazierte und gerade deswegen in der Breite nur wenig wirklich umgesetzte Forderung, die Technik zur Dienerin des beseelten Ausdrucks zu machen, hat hier ihre Ursache. Eine wesentliche Ursache für die Aushöhlung dieses Satzes dürfte im Übrigen die Unklarheit darüber sein, was mit „Ausdruck" gemeint sein könne, der nichts anderes ist als genuine künstlerische Schaffenskraft. Furtwängler nannte diese einmal treffend „Versinnlichung der Intuition".

> „Der Künstler lebt, indem er schafft und Werk auf Werk in ‚endlich'-organischer Formung die ‚unendlich'-schöpferische Natur in sich fassen läßt. Was er braucht, ist einerseits die Begnadung, die Intuition eines ‚Ganzen', andererseits die zähe Kraft, diese Intuition in die lebendig-blutvolle Gegenwart hereinzureißen, sie in die Wirklichkeit des Werkes zu zwingen."[30]

Vielleicht ist es wichtig, am Rande zu erwähnen, dass mit der „lebendig-blutvollen Gegenwart" ausdrücklich nicht die „Wirklichkeit der realen Welt", sondern die „Wirklichkeit des Werkes" gemeint ist: Intuition, in dem Sinn, wie sie Furtwängler hier versteht, überführt im Nachschaffen von Musik nicht in die Wirklichkeit zeitlicher Gegenwart, sondern zunächst in die Wirklichkeit des Kunstwerks. Eine

---

[30] Wilhelm Furtwängler: *Ton und Wort. Aufsätze und Vorträge*, Wiesbaden 1955, S. 255.

große Gefahr besteht jedoch in der Illusion von echtem intuitiven Empfinden, als das zur gegenwärtigen Zeit bei einer beträchtlichen Vielzahl von Produktionen unbeschreibliche Vergehen am Kunstwerk ausgegeben werden, nicht alleine in der Musik: Willkürliche und zumeist intellektualisierte Konstrukte deformieren die für voraussetzungsarme Konsumenten am meisten erfassbare Oberflächenstruktur eines Kunstwerks unter der Vorgabe wahrer Empfindung und weiden sie zu geistlosen Hohlkörpern aus, die dann zwar noch immer organisch sein können, aber dennoch um nichts weniger zerfallen und, im Sinne intuitiv künstlerischer Auseinandersetzung, gleichermaßen substanzlos wie tot. Das charakteristischste Merkmal eines geist- und seelenlosen, toten Kunstprodukts aber sind Pose und Manier, die im Grunde nichts anderes sind als ein Schwelgen in verselbstständigter Technik unter bloßer Vorgabe von Emotion. Dies aber hat mit dem eigentlichen Kunstwerk an sich nichts mehr zu tun, sondern ist vielmehr nur die Einnahme eines distanzierten Standpunkts gegenüber der Wirklichkeit der Musik, eine Flucht vor innerer Auseinandersetzung, sei sie nun bewusst oder aus Unerfahrenheit. Im Übrigen ist eine in entwurzelte Beliebigkeit hinein emanzipierte Technik im größeren Kontext auch ein Kennzeichen für gestorbene Kultur. Bernhard Paumgartner bemerkte einmal äußerst treffend:

> „Die Technik gibt uns keinen Ersatz für verlorenes Kulturgut. Ihre barbarische Stärke ist das billige Weltbürgertum, ihre unbegrenzte, von Raum, Zeit und anderen Bindungen unabhängige Anwendbarkeit. Kultur ist immer streng umgrenzt. Wir müssen neue Gegenkräfte stark machen, sie zu erhalten, unser Zeitalter aus einem zivilisatorischen wieder zu einem kulturellen werden zu lassen. [...] Diese unbegrenzte Gebrauchsbereitschaft der Technik ist dem regional

geschlossenen, exklusiven und traditionsbedingten Wesen der Kultur kontradiktorisch entgegengesetzt."[31]

Nicht wenige Dirigenten fordern von ihren Musikern eine Demut und Opferbereitschaft gegenüber dem Werk, die sie selbst aber nur vorgeben zu besitzen, da sie in Wahrheit nicht in der Lage sind, sich dem Kunstwerk gegenüber innerlich zu entblößen und so weit wirklich zu öffnen, um von ihm ganz und gar durchdrungen werden zu können. So wird das Einfordern von Demut bei anderen zu einer unlauteren Aufforderung zur Unterordnung gegenüber dem eigenen dirigentischen Ego, welches dem Werk seinen konstruierenden Willen aufzwingt, statt dass ihm die Chance zum Entstehen in der dargebotenen Intuition des Künstlers gegeben wird.

Aufgrund ihrer Unsichtbarkeit für das normale Publikum (und selbstverständlich für Kritiker), dem eine tiefe, vom Schöpferischen herkommende und am reichen Erleben geschulte Einsicht eines Künstlers in eine ureigene Werkgestalt verborgen bleiben muss, sind Ehrlichkeit und Demut gegenüber der Kunst Dinge, die ein (nach)schöpferischer Künstler primär sich selbst gegenüber zu rechtfertigen hat und nur sekundär gegenüber jenen Menschen, mit denen er unmittelbar zusammenarbeitet. Allein schon deshalb ist ein moralisches Geformtsein für den Künstler eine nahezu unverzichtbare Voraussetzung.

Demut ist in unserer gegenwärtigen Gesellschaft ein über alle Maßen unzeitgemäßer und daher auch schwer verständlicher Begriff, da sie mit unserer weitverbreiteten Auffassung von einem über seinen Gegenstand mit Originalität

---

[31] Bernhard Paumgartner: *Erinnerungen*, Salzburg 2001, S. 93 und 98.

erhabenen, genialen Künstler ebenso wenig vereinbar ist wie mit dem unheilvollen Hang vieler Menschen und Medien zum Event- und zum Starkult. Im Übrigen hat eine Zeit, die eine rein subjektiv verstandene Individualität bis in narzisstische Extreme gesteigert verklärt, indem sie einer irrigen Auffassung von Selbstverwirklichung erliegt, ein natürliches Problem mit dem Loslassen eben dieser vermeintlichen Individualität zugunsten des ganz eigenen Ideals vom Kunstwerk – selbst dann, wenn dieses dem künstlerischen Individuum nicht unbedingt übergeordnet ist, sondern auch dann, wenn es nur auf gleicher Höhe den gleichen Stellenwert einnimmt. Kann man aber vor etwas demütig sein, ohne sich ergeben unterzuordnen? Heutzutage mag die Möglichkeit manchen geradezu widersprüchlich erscheinen, einem Kunstwerk zwar demütig, aber auf Augenhöhe zu begegnen. Hier wäre festzuhalten, dass Demut vor dem Kunstwerk in erster Linie bedeutet, die eigene Willkür – durchaus wörtlich gemeint: nämlich all das, was der Wille erkürt – zugunsten von dem, was einem im Zustand von Intuition vom Werk her als Notwendiges zuteilwird, respektvoll und unverkrampft versiegen zu lassen. Besonders betroffen von einem derartigen entspannten Loslassen sollte grundsätzlich jede Vorstellung von Stil in der Musik sein, soweit diese an ein falsches Wollen gebunden ist, denn Stil hat niemals ein Musikstück von außen zu formen, sondern die Künstlerpersönlichkeit von innen. Man soll Musik nicht einfach „spielen", sondern muss sie von innen heraus entstehen und werden lassen. Um aber dorthin zu gelangen, dass Musik auf diese Weise entstehen kann, muss man sie zunächst in sich aufnehmen und ihr innerlich begegnen. Die Voraussetzung hierfür ist nicht der gleißende Blitz der Genialität, sondern die still durchwachte, dunkle Nacht der dienenden Bereitschaft.

Demut ist ganz wesentlich eine Einstellung, die nichts mit einer Unterdrückung von etwas zu tun hat, sowohl im Positiven wie auch im Negativen, sondern die in engstem Zusammenhang mit einem offenen, liebenden Zugang steht. Denn wer ein Kunstwerk liebt, drängt sich nicht auf, sondern nimmt sich um seinetwillen freiwillig zurück. Vor allem zwingt man ihm nicht von außen etwas auf, das ihm weder wesenseigen noch gemäß ist. Daher sagte auch Sergiu Celibidache: „Nur der Freie kann Musik machen."[32] Das Kunstwerk wiederum gebiert in diesem Zustand die Notwendigkeit in die Intuition des Künstlers hinein, auf die ihm ganz und gar gemäße Art und Weise gestaltet zu werden, und zwar auf eine zugleich auch dem Künstler selbst und seiner Formung gemäßen Art und Weise. Das konkrete Empfinden einer solchen gestalterischen Notwendigkeit durch den (nach)schöpferischen Künstler ist im Grunde aber nichts anderes als Inspiration. Im Zustand von Intuition erlebt der Künstler das Geborenwerden einer derartigen Notwendigkeit im Sinne eines eigentlichen „Zu-Falls", der ihm gleichsam in einem Akt der Gnade als Geschenk von oben gegeben ist, für welches er selbst überhaupt nichts kann. Aus diesem Grund ist Demut nicht bloß Voraussetzung für das Erlangen künstlerischer Einfälle, vielmehr ist sie eine natürliche Folge von echter Inspiration: Man empfängt etwas, von dem man spürt, dass es nicht eigentlich von einem selbst kommt; dennoch empfindet man es zutiefst in sich als etwas sich in einem selbst Entfaltendes. Bei Rumi ist zu lesen: „Gott setzt die

---

[32] Konrad Rufus Müller, Harald Eggebrecht und Wolfgang Schreiber (Hg.): *Sergiu Celibidache*, Bergisch Gladbach 1992, S. 75.

Flöte an und bläst hinein. Jeder Ton ist eine Notwendigkeit, die durch einen von uns zum Ausdruck kommt."[33] Etwas, das nicht von mir ist und das größer ist, als ich selbst bin oder jemals sein werde, gibt sich mir in meinem Innersten ganz und gar hin, um durch meine eigene Verwirklichung in ihm überhaupt als Kunst entstehen und im Hier und Jetzt versinnlicht geboren werden zu können. In diesem Sinne heißt es in einem anderen Gedicht von Rumi: „Du tanzt in meiner Brust, wo Dich keiner sieht. Aber manchmal sehe ich Dich. Und aus diesem Sehen erblüht diese Kunst!"[34] Und Ludwig van Beethoven soll einmal gesagt haben:

> „So ist echte Erzeugung der Kunst, unabhängig, mächtiger als der Künstler selbst, kehrt durch ihre Erscheinung zum Göttlichen zurück, hängt nur darin mit dem Menschen zusammen, daß sie Zeugnis gibt von der Vermittelung des Göttlichen in ihm."[35]

Ich halte es für wichtig, dass man dies nicht als Ausdruck einer epochengebundenen, romantischen Gefühlsästhetik missinterpretiert, sondern dass man dies als ein ureigenes Wesensmerkmal von Kunst generell versteht.

Demut hat sehr viel mit einem Sich-Freimachen von etwas Verschließendem zu tun: Man lässt etwas sich lösen, das dem im Angesicht von Kunst eigentlich natürlichen Zustand einer demütigen Grundhaltung, die zugleich eine liebende ist, hindernd entgegentritt. Meist handelt es sich bei diesem Abzulegenden um ein bestimmtes Wissen, zum Beispiel eine

---

[33] Rumi: *Die Musik, die wir sind*, Freiamt 2009, S. 54.
[34] Ebd., S. 20.
[35] Bettine von Arnim: *Goethes Briefwechsel mit einem Kinde*, Brief an Goethe vom 28. Mai 1810, Frankfurt a. M. 1984, S. 386.

angelernte Einstellung gegenüber dem Werk, die man – möglicherweise aus Gewohnheit oder aus Selbstschutz – in bestimmten Situationen geradezu automatisch vertritt: Etwas Neues wird etwa von vornherein abgeurteilt und so jeder Chance beraubt, zu mir zu sprechen. In diesem Fall hat eine Auseinandersetzung mit dem betreffenden Kunstwerk niemals wirklich stattgefunden.

Ein bekannter Dirigent sagte einmal in einem Interview den zwar großspurig, aber dennoch auf den ersten Blick relativ harmlos klingenden Satz: „Ich dirigiere nur Meisterwerke." – Natürlich ist es jedem nicht nur unbenommen, sondern sogar empfohlen, sich vorrangig mit jener Musik zu befassen, die einem auch besonders liegt. Gefährlich wird es allerdings in der Umkehrung, nämlich dann, wenn man sich selbst zu einem maßgebenden Prüfstein für ein vermeintlich objektives Qualitätsniveau von Kunstwerken hochzustilisieren beginnt. Denn eine solch eitel vermessene Haltung wird selbstverständlich niemals zu jener Offenheit gegenüber einem Kunstwerk führen können, in der es sich von sich aus in dem in Stille harrenden Geist eines Künstlers entfalten würde. Schließlich müsste man dazu dem Werk erlauben, einen zutiefst zu ergreifen – komme, was wolle –, ebenso wie man sich selbst gegenüber zulassen müsste, zutiefst ergriffen zu werden – komme, was wolle. Niemand aber, der ein Werk zugleich argwöhnisch auf seine fragliche Würdigkeit hinsichtlich der Zuerkennung des Status „Meisterwerk" abschätzt, wird dies jemals vollbringen können. Diese Einstellung steht in deutlichem Widerspruch zur Haltung des innerlichen Zulassens. Folglich aber kann das Herangehen eines Musikers an ein Werk zum Zeitpunkt des künstlerischen Aktes nur sehr bedingt zugleich auch analytisch sein. Musik kann man nicht in unvoreingenommener Offenheit lieben, wenn man ihr gleichzeitig misstraut oder sie aus der Distanz seziert. Im ersteren Fall steht man, wie Furtwängler sagte, „in" ihr, in letzterem aber steht man „neben" ihr. Immer häufiger kommt es vor, dass Musiker, vor allem Dirigenten, mit veräußerlichten interpretatorischen „Maschen" arbeiten, etwa dass sie in ihren Darbietungen den gesuchten Effekt im Ausdruck und eine akzentuierte Rhythmisierung verabsolutieren. Gerne werden solche Interpretationsformen, unabhängig vom dahinterliegenden Stand der Kenntnis oder der Erfahrung, in suggestiver Diktion als „historisch informiert" oder als „mystisches Tiefenerleben" verkauft, während die Musik und ihre Bögen mit unproportioniert übertriebenen rhythmischen Akzenten an Taktanfängen mit erschreckender Vorhersehbarkeit konsequent zerhackt werden. Man versucht, die schnöde Irrelevanz der eigenen interpretatorischen Machwerke durch zunehmende gestalterische Willkür und übersteuerten, veräußerlichten Expressionismus auszugleichen, während in Wirklichkeit das eigentliche, bleibende künstlerische Problem im Hintergrund unvermindert klafft, auch wenn es für das Publikum unsichtbar und unhörbar bleibt, weil der effektvolle interpretatorische Expressionismus die Masse anrührt. Keineswegs möchte ich hier die historische Interpretationsforschung oder die Stilkunde kritisieren, sondern lediglich deren Missbrauch in der Konzertpraxis. Man sollte zwischen Inspiration, Stil und Interpretation unterscheiden und jede pseudointerpretatorische „Masche" sicher davon trennen können, die bloß vorgibt, künstlerisch oder „historisch informiert" zu sein, es in Wirklichkeit aber nicht ist, sondern bloß systematische Anwendung eines bestimmten, vorgefertigten Konzepts. Bei einer Methode, die, von außen kommend, dem Werk eine vorab gegebene Gestalt oder Gestaltungsweise aufzwingt, wird jede Möglichkeit zur Überschau des Ganzen, sofern dessen Existenz überhaupt wahrgenommen wird, ebenso unmöglich gemacht, wie der Zusammenhalt auch nur von Einzelphrasen konsequent zerstört wird. Natürlich ist ein derart gewaltsam genötigtes Werk dann noch in gewisser Weise fühlbar, vor allem physisch, und zwar aufgrund von künstlich geschaffenen Kontrasten und effektvollen Hervorhebungen von Einzelheiten, die naturgemäß desto markanter – aber auch unproportionierter, veräußerlichter und letztlich austauschbarer – werden, je stärker sie einer ursprünglichen Integration im Werkganzen entrissen sind, sofern sie dort überhaupt jemals einen Platz hatten. Und sie tragen den Stempel von seelischer Unbetroffenheit gerade dort, wo sie es nicht sollen, denn im Grunde sind sie nichts weiter als eine Unterlegung des Musikwerks mit Akzenten und Kontrasten, die nicht aus der inneren Notwendigkeit des Kunstwerks heraus geboren, sondern, in Bezug auf dessen Werkgestalt, aus einem Kalkül oder Gutdünken heraus gewählt werden, das von außen kommt. Für den nur oberflächlich Hörenden und Empfindenden kann ein derart veräußerlichter, oft auch perkussiver Expressionismus indessen unmittelbarer zugänglich und sogar spektakulärer oder „spritziger" wirken als eine feinsinnige harmonische Ausgewogenheit, ganz gleich, wie natürlich und „richtig" diese auch sein mag. Ebenso vermag immerhin auch ein Gericht, das mit einem Übermaß an Salz, Pfeffer und Chili versetzt ist, infolge der hervorgerufenen Überreizung eine wesentlich schnellere, unmittelbarere Sinnesreaktion auszulösen als ein fein gewürztes und subtil ausgewogenes Feinschmeckermenü. Der Unterschied zur Musik ist, dass es bei Überreizen im Geistigen und Künstlerischen keine allgemeingültigen Grenzen der körperlichen Erträglichkeit gibt. Aus diesem

Grund erzeugt auch die größte Geschmacklosigkeit im Künstlerischen bei sinnlich Ungeschulten nicht notwendig eine unmittelbare Schmerzreaktion. Aber welch eine Banalisierung und unfassbare Verarmung gegenüber der Vielfalt jedes einzelnen lebendigen Musikwerks als Gesamtorganismus! Kaum ein musikalisches Meisterwerk aber verarmt durch eine veräußerlichte Interpretationspraxis so sehr wie das über alle Maßen facettenreiche und subtile Werk Beethovens. Insgesamt wurde Beethoven im Zuge des 20. Jahrhunderts nach und nach zu einem der am wenigsten verstandenen Komponisten. Der Grund hierfür ist vor allem die unerreichte Vielfalt in seiner musikalischen Ausdruckskraft und Ausdrucksform, die in ihrer Fülle nicht vermittelbar ist, sondern nur im Erleben erlernt und empfunden und sodann zum nachschöpferischen Entstehen gebracht werden kann.

Niemals wird ein veräußerlicht gespieltes Musikstück in Form einer Notwendigkeit eines einzigartigen So-und-nicht-anders-Seins in Erscheinung treten und wirken können. Dies kann ein Musikwerk nur auf Grundlage eines Ausdrucks, der aus dem inneren Erleben des „Werkganzen" heraus geboren wird und gleichsam vom „Menschganzen" beseelt ist. Den Unterschied zwischen beiden Herangehens- und Darstellungsweisen erkennt vor allem derjenige, dem jener Einblick in die ureigene Werkgestalt zumindest einmal möglich war, tendenziell aber nicht die heute weitgehend desensibilisierte, auf formlose Manier konditionierte Masse des Konzertpublikums, der ein mit innerer Wahrhaftigkeit musiziertes Kunstwerk auch vergleichsweise gewöhnlich und unspektakulär anmuten kann, ja muss, solange es sich nicht in seiner rhythmischen Gestalt und Geschwindigkeit der gewohnten, industriell gefertigten populärmusikalischen

Hintergrundbeschallung annähert. Die heutige Darbietung in der Tonkunst sucht häufig die Extreme und hat in der Klassikindustrie eine Gewöhnung ausgeformt, die stark von bewährten Elementen der Popmusik beeinflusst ist und erfolgreich als ebenso modern wie korrekt verkauft wird: Den Menschen wird akustisch etwas vorgesetzt, das sie von anderen Musikrichtungen gewohnt sind und daher auch leichter rezipieren können, und sie sind dafür dankbar – kulinarisch wäre dies wiederum vergleichbar mit einem Fast-Food-Menü, das in einem exklusiven Haubenlokal bestellt wird.

Musik gehorcht, wie schon erwähnt wurde, dem Willen, der ihr eine von außen kommende Gestalt aufzwingt, uneingeschränkt. Genau darin liegt auch ein Reiz der Macht für jene Interpreten, denn insbesondere bei herausragenden Meisterwerken fühlen sich viele mit Kunst hantierende Menschen berufen, sie als Beherrscher zu erobern und den subjektiven gestalterischen Ideen oder einem technisierten Manier- und Stilsystem zu unterjochen. Dadurch ziehen sie das Musikwerk auf ihre eigene, entgeistigt diesseitige Natur herab und glauben, einen Anteil an jenem Glanz der Kunst für sich zu erringen, von dem sie von anderen vernommen haben und der ihnen selbst allerdings verborgen bleibt. Bruno Walter schrieb:

> „Der unbedeutende Interpret zieht die bedeutende Komposition in seine laue persönliche Sphäre herunter, seine Schwäche trübt ihre Schönheit und verhüllt ihre Tiefe; in seiner Unklarheit verwirrt sich ihre Klarheit. Es bedarf der Größe, um Größe zu verstehen und auszudrücken; es bedarf eigener Zartheit und Leidenschaft, um des Anderen Zartheit und Leidenschaft zu empfinden und wiederzugeben; es bedarf

des Feuers des Apostels, um das Feuer des Propheten zu verbreiten."[36]

Vor diesem Hintergrund wird die Forderung nach einer demütigen Einstellung gegenüber dem Kunstwerk im Sinne eines unbefangenen Loslassens besonders wichtig.

Wirkliche Musik ist sehr häufig „einfach" und „gewöhnlich". Dieser auf dem ersten Blick vielleicht unverständliche Satz besagt nicht, dass keine herausragenden Meisterwerke existierten. Vielmehr möchte er abseits vereinzelter musikalischer Höhepunkte, die für viele Menschen heute noch gut als solche wahrnehmbar und erlebbar sind, auf die ungleich größere Menge „nicht außergewöhnlicher" Musik hinweisen. Damit soll auch nichts über die Qualität dieser Musik gesagt sein, sondern nur über das Ausmaß ihrer Aufdringlichkeit und extrovertierten Dramatik: Den meisten Menschen fällt es leicht, infolge von überragenden Höhepunkten und Effekten in bestimmten Werken überwältigt zu sein. Es erfordert in der Tat keine beispiellose Sensibilität und musikalische Begabung, vom gewaltigen „Aeterna fac" in Anton Bruckners Te Deum, vom schauerlichen „Dies Irae" im Requiem von Giuseppe Verdi oder dem kolossalen „Freude, schöner Götterfunken" in Ludwig van Beethovens neunter Symphonie ergriffen und erschüttert zu werden. Klingt etwas dramatisch, rhythmisch, kontrastreich und kraftvoll, so bleibt es selten ohne entsprechende Wirkung. In einem vorherigen Kapitel wurde Bruno Walter zitiert, der einmal sagte, dass das beethovensche Adagio die größte Leistung unserer Kunst sei. Diese Aussage mag schwer verständlich sein, sie

---

[36] Bruno Walter: *Von der Musik und vom Musizieren*, Berlin 1986, S. 25f.

wird jedoch gerade dort am besten nachvollziehbar, wo man sie bei oberflächlichem Blick vielleicht gerade am wenigsten für gültig erachten möchte, nämlich in der neunten Symphonie: Der Höhepunkt ist hier eben nicht gleichbedeutend mit der Krönung am Ende, dem Finalsatz über Friedrich Schillers „Ode an die Freude". Der eigentlich zentrale Satz dieser Symphonie ist der vergleichsweise um vieles unscheinbarere langsame Satz: In ihm vollzieht sich die Einkehr und befreiende Versöhnung, über die der Komponist dann im Finale gar nicht mehr anders kann als mit den Worten Schillers laut zu jubeln. Die so sehr ersehnte und in diesem unerreichten Adagio nun endlich erlangte Erlösung ist es, die Beethoven nachfolgend jedwede Tragik verbietet und die ihn dieses Verbot im Finale geradezu plakativ mit den Worten „O Freunde, nicht diese Töne!" ausrufen lässt. Und weiter: Von einem unbezweifelbar überragenden Werk von zeitloser und weltumspannender Bedeutung erlauben wir unserem Gemüt, berührt zu werden. Gleichzeitig aber verschmähen wir zum Beispiel die liebliche Warmherzigkeit eines langsames Satzes der fünften Symphonie von Carl Czerny oder den innigen Gruß aus dem Andante in Franz Lachners erster Symphonie und glauben dem Wort mancher Berufsmusikologen, wenn sie schreiben, es handle sich bei einem solchen Werk um minderwertige Gelegenheitsmusik ohne einen erwähnenswerten historischen oder künstlerischen Wert: Wir verklären den höchsten Rausch und verweigern uns zugleich mit verzerrter Mine, eine süße Praline mit unseren Sinnen auch nur zu kosten.

Hieran wird allmählich ersichtlich, wie wesentlich es ist, dass man Musik auch dort als besonders zu erkennen und zu lieben lernt, wo sie weniger außerordentlich zu sein scheint, wo sie kleiner und vielleicht unauffälliger ist, wo sie einen hohen Grad an äußerlich herausstechender Lautstärke, Leuchtkraft, Dramatik oder auch Bekanntheit gerade nicht erreicht, sondern gegenüber dem oberflächlich Hörenden im vermeintlich Gewöhnlichen verborgen bleibt. Etwas, das bloß unscheinbar ist, ist jedoch als Geschaffenes keineswegs notwendig weniger vollkommen. Auf einem Berg inmitten unberührter Natur, beim Anblick eines rot glühenden Gebirges im strahlenden Sonnenuntergang bedarf es keiner großen seelischen Ungetrübtheit, um von feierlichem Staunen erfüllt zu werden, denn schließlich offenbart sich dort die überwältigende Größe der Natur auf eine so verschwenderische Weise, wie man ihr im alltäglichen Leben sonst nur selten zu begegnen vermeint. Wohl kaum jemand wird ebenso leicht in vergleichbares Staunen versetzt werden, wenn beispielsweise im Zuge eines gelegentlichen Großstadteinkaufs der Blick eine verschmutzte Pfütze am Straßenrand streift. Allerdings könnte man nicht ganz ohne Berechtigung fragen, wieso die Reaktion in beiden Fällen wohl so unterschiedlich ausfallen dürfte, wenn beide Dinge – der Sonnenuntergang im Gebirge und die schmutzige Pfütze am Straßenrand – doch gleichermaßen vollkommen Geschaffenes sind. Ist etwa die Pfütze von sich aus weniger vollendet und von Göttlichkeit erfüllt, bloß, weil sie nicht augenfällig unmittelbare, erhabene Naturschöpfung zu sein scheint oder weil ich das Spektakel eines strahlend lichtdurchfluteten Gebirgspanoramas vielleicht mehr zu schätzen weiß als eine unscheinbare, hässliche kleine Lache, an der ich mein Schuhwerk beschmutzen könnte? Vielmehr drängt sich der Verdacht auf, dass nicht die Pfütze, sondern vielleicht eher ich selbst weniger vollkommen sein könnte, da ich außerstande bin, das überall gleichermaßen unerschöpfliche Erfülltsein alles Seienden, auch des vermeintlich Unbedeutenden, zu erblicken, und eine offenkundig ansehnliche Szenerie der eher verborgenen Fülle bequem bevorzuge. Doch selbst die abstoßendste, schmutzigste Pfütze kann letztlich auch nicht anders, als in ihrem ganzen Sein das vollendete Leben zu preisen. Auch sie ist, ganz auf ihre Weise, vollkommen erfüllt wie der oben erwähnte Becher im Meer. Vielleicht habe ich die bestaunenswerte Mannigfaltigkeit in dieser Lache bislang nur noch nicht wirklich achtsam betrachtet, habe möglicherweise die unzähligen, im Licht schimmernden Partikel im Wasser ebenso übersehen wie die vereinzelt an der Bordsteinkante wachsenden Grashalme, die, vom verschmutzten Wasser lebend, geknickt und welk in dieser für sie so widrigen Umgebung am Straßenrand umso beharrlicher die Erhabenheit des unbezwingbar allgegenwärtigen Lebens verkünden?

Durchaus analog mag man eine Diskrepanz zwischen dem Offenkundigen und dem Verhüllten innerhalb der Musik erkennen. Es ist beispielsweise selbst in einem so durchweg außergewöhnlichen Meisterwerk wie Johann Sebastian Bachs Messe in h-Moll ebenso leicht, vom extrovertiert pulsierenden Schwingen des „Sanctus" ergriffen zu werden, wie es einfach ist, an der in sich ruhenden, unglaublichen Vollkommenheit jener 25 Takte des so sehr unaufdringlichen instrumentalen Vorspiels der Kyrie-Fuge oder der innigsten Aufrichtigkeit des „Et in terra pax" gleichgültig und achtlos vorüberzugehen. Dass stille Musik nun einmal stiller ist als auffällig laute und energiegeladene, liegt auf der Hand. Auch im Hinblick auf Komponisten gibt es ein vermeintlich starkes Gefälle. Warum eigentlich fühlen wir uns nicht betroffen, wenn wir uns weigern, Werke von weniger wahrgenommenen Meistern wie zum Beispiel Heinrich Ignaz Franz Biber, Peter Cornelius oder Robert Volkmann mit der gleichen Liebe und Hingabe zu entdecken und unvoreingenommen zu erleben, und stattdessen wiederholt und abermalig die Ekstase höchster Gipfelpunkte suchen – als könne die Sonne auf vermeintlich niedrigeren Bergen nicht ebenso vollkommen scheinen und würde ihre hellsten Strahlen nur wenigen höchstgelegenen Spitzen vorbehalten? Macht es nicht die Tiefe unserer Empfindung und unsere Fähigkeit zum musikalischen Erleben zu einem gewissen Grad überhaupt unglaubwürdig, wenn wir uns nur bei unbestrittenen Höhepunkten der Musikgeschichte wie Joseph Haydns *Schöpfung* oder Georg Friedrich Händels *Messiah* in Verzückung zu geraten erlauben? Und wenn wir zugleich immer weniger tatsächlich in der Lage sind, zu einem ungetrübten Erleben der Musik weniger bekannter Werke oder Komponisten vorzudringen und die unerschöpfliche Mannigfaltigkeit aller existierenden Musik nicht mehr selbst (er-)leben wollen, im Großen wie auch im Kleinen? Die unbeschreibliche Vermessenheit hinter der Überzeugung, sich nur mit dem von außen bestätigten Besten alles Besten begnügen zu dürfen, schafft eine unrechtmäßige Überheblichkeit und Arroganz gegenüber dem Kunstwerk, die notwendig zu seelischer Verarmung und zur Entfremdung von jeder eigentlichen künstlerischen Sache führen muss. Denn man verweigert sich auf diese Weise einem Auffinden wirklichen Kunsterlebens außerhalb des Größtmöglichen und muss so zuletzt selbst diesem gegenüber unsensibel werden. Daher verbirgt sich hinter einer Einstellung wie der zuvor beschriebenen („Ich dirigiere nur Meisterwerke") auch eine unbeschreiblich weitreichende Blindheit und Tragik, die wie nur wenige andere Aussagen den ungehaltenen und unaufhaltsamen Verlust unseres kulturellen Fundaments in der Kunst dokumentieren: Ein Wachsen und Reifen in Musik kann nicht mit einer Beschränkung einhergehen, sondern nur mit einer Zunahme des Fühlens, Erlebens, Liebens und Sich-Auslieferns an die Wärme, Lebendigkeit, Schlichtheit und Größe musikalischer Kunstwerke; nicht mit Beherrschen und einem Wissen um ihre Klassifizierung, sondern mit ihrem Erleben und dem voraussetzungslosen Eintauchen in sie. Demut und Bescheidenheit sind folglich geradezu selbstverständlich für echte künstlerische Entwicklung. Im Bereich der Musik lernt man Neues nur durch wirkliche innere Begegnung, schafft dabei die Voraussetzungen dafür, sich immer weitere Horizonte erschließen zu können und sich in der gelebten Vielfalt der Musik mehr und mehr zu entfalten. Dabei gerät man nicht nur in immer größere Tiefen des musikalischen Erfahrens, sondern auch zur Selbstidentifikation mit einem immer größer werdenden Spektrum von Musik.

> Daß jede Zeit, jeder Künstler, ja in manchen Fällen sogar jedes Werk von einem andern Klangideal ausgeht, davon hat man heute keine Vorstellung mehr. Man ist im Gegenteil stolz darauf, über alle diese Verschiedenheiten mit einer und derselben Riesenwalze ‚stilvoller' und ‚notengetreuer' Darstellung hinweg zu musizieren. Es lebe die Theorie, die um so populärer ist, je dümmer und primitiver ihr Inhalt. Ahnt man wirklich nicht, wie unendlich genügsam man geworden ist?
> (Wilhelm Furtwängler)

Routine

Manche Musiker unterscheiden zwischen zwei Arten von Routine, nämlich einer „guten" und einer „schlechten". Die „schlechte" Routine sei das distanzierte, schnöde Abspielen (umgangssprachlich sagt man gerne auch „Herunternudeln") des Werkes ohne jede Anteilnahme. Die „gute" Routine sei hingegen die Fähigkeit, die Aufführungssituation derart zu beherrschen, dass man, von Aufregung möglichst befreit, ungehindert und mit Sicherheit sein Programm abliefern kann.

Es besteht kein Zweifel, dass nahezu jeder Musiker jene als „schlecht" bezeichnete Form von Routine ablehnt. Indessen ist das Prinzip der Wiederholung nun einmal Bestandteil des täglichen Lebens eines jeden Musikers. Das beginnt beim Üben schwieriger Stellen, die mittels Wiederholung eintrainiert werden. Und es endet beim wiederholt aufgeführten Repertoire im Konzertsaal. Wie viele Male spielt ein Orchestermusiker in seinem Berufsleben die Symphonien von Beethoven oder von Brahms im Konzert? Wie häufig werden Georges Bizets *Carmen*, Giuseppe Verdis *La Traviata* oder Wolfgang Amadé Mozarts *Zauberflöte* in Opernhäusern gespielt? Ohne jeden Zweifel ist die Kunstmusik eine

Industrie, die auf Massenproduktion beruht. Dass hierin für das einzelne Künstlerindividuum eine Fülle von Gefahren lauert, liegt auf der Hand, und diese Gefahren haben, neben dem fast allgegenwärtigen Mangel an künstlerischer Wahrhaftigkeit und Ehrlichkeit, neben Leistungsdruck und Stress, häufig mit Übersättigung und Ausgelaugtwerden zu tun und in der Folge mit Gleichgültigkeit und Resignation. Natürlich sind dies Dinge, die praktisch jeder berufstätige Mensch kennt. Beim Musiker ist dies allerdings in besonderem Maß problematisch, da die durch diese Form der Erschöpfung ganz besonders in Mitleidenschaft gezogene geistig-seelische Ebene über die Mittlerrolle der vordergründigen und bloß akustischen Tonproduktion hinaus sein zentrales Arbeits- und Wirkungsfeld wäre, aber eben aus Überlastung gar nicht mehr aktiviert werden kann. Es ist ein eigentlich sonderbarer Umstand, dass das Seelische gerade dann verdorrt, wenn man nur wenig Kontakt dazu hat: Es bleibt nicht hinter Mauern geschützt und unberührt, sondern es verkümmert. Dies aber bedeutet, dass entseelte Routine auch wieder nur entseelte Routine erzeugt, selbst wenn man es anders machen wollte, aber aufgrund der beruflichen Beanspruchung nicht dazu imstande ist. Das Resultat ist der Verlust von Musik als etwas Ursprüngliches und somit von Musik als Kunst, da sie durch den Verlust der Verbindung zum Seelischen unpersönlich, beliebig und austauschbar wird. Dieser Verlust schafft einen Zustand kultureller Lethargie und künstlerischer Ungerührtheit wie Unempfindlichkeit, die in der Folge zu einer Erhöhung möglicher Reizschwellen und wiederum zu noch stärkerer Veräußerlichung und Verzerrung führen. Dies ist ein typisches Resultat von Langzeitroutine, im Produzieren wie auch im Hören.

Routine macht jede Kunst – bestenfalls – zu hoher Handwerkstechnik und bestraft ihren Urheber, sofern er kunstbegabt ist, dadurch, dass er den Verlust an wirklicher Substanz an sich selbst schmerzhaft spürt. Wo dies nicht als Chance für die Wiederherstellung und Intensivierung der Rückverbindung mit dem lebendigen Kern der Musik erkannt wird, kann jenes unverheilte Sehnsuchtsgefühl zu einem grausamen Leidenszustand werden. Und je weniger man die Chance ergreift loszulassen, sich der Liebe hinzugeben und – komme, was wolle – die Musik lebendig werden zu lassen, desto mehr beraubt man sich selbst der Möglichkeit, als Mensch an der Kunst auch weiter zu reifen. Schließlich verliert man zuletzt auch die Fähigkeit, Kunst hervorzubringen. Dies ist aber der Tod von Kultur, wenn auch nur im einzelnen Individuum.

Der Kampf gegen Routine in der Kunst besteht nicht darin, auf dem überklanglichen geistigen oder sinnlich-gefühlsmäßigen Feld eine Vielfalt von musikalischer Wirkung erzielen zu können. In diesem Fall würde man Gefahr laufen, die Vielfalt oder auch den Effekt als ein künstlerisches Prinzip zu rationalisieren und für sich zu einem ästhetischen Imperativ zu erheben – das heißt, man würde glauben, Kunst dürfe nicht anders als „anders", vielfältig oder effektvoll sein. Das kann sie zwar ohne Weiteres, muss sie aber selbstverständlich keineswegs sein. Und man würde sie ebenfalls auf den Ebenen der Form oder der Klanggestalt veräußerlichen. Umgekehrt besteht der Kampf gegen Routine aber auch nicht darin, vielleicht nur eine einzige bestimmte musikalische Wirkung ständig aufs Neue hervorbringen zu wollen oder zu können. Möglicherweise verwechselte man in diesem Fall „Wirkung" mit „Interpretation". Die Wirkung von Musik stellt sich allerdings, geradezu als „Begleiterscheinung", fast wie von selbst ein und ist an sich in gewisser Weise überhaupt keine relevante Kategorie, wenn es darum gehen soll, etwas gegen die Routine zu tun. „Wirkung" ist, für sich genommen, nicht einmal ein Ziel, das es in diesem Fall konkret zu erstreben gilt, denn sonst würde man akut Gefahr laufen, von der geistigen Ebene in die Suche nach dem Effekt abzugleiten, und unbemerkt ins mehr und mehr Veräußerlichte driften oder aber von vornherein niemals davon loskommen.

Der „Kampf" gegen Routine besteht vielmehr darin zu lernen, stets aufs Neue jene Ebene des Seelisch-Geistigen überhaupt zu betreten und sich in ihr befreit und ohne Zwang, etwa im Hinblick auf eine bestimmte musikalische Gestalt oder für verbindlich geglaubte Spielweise, aufhalten zu können. Man sollte sich nicht auf die Vorstellung eines Zieles konzentrieren, sondern auf das Schaffen von Bedingungen für ein Entfalten von Musik – und alles Übrige vertrauensvoll entstehen lassen. Es mag sich dann vielleicht immer wieder dieselbe Wirkung einstellen oder auch nicht, aber in Wahrheit geht es um diese Frage überhaupt nicht, denn selbst eine exakte Wiederholung von Wirkung bliebe ebenso Wirkung und wäre daher ursprünglich und wirklich. Es geht vielmehr darum, dass alles das kommen und entstehen mag, was dem Hier und Jetzt des Hierseins und Soseins des Klanges gemäß ist. Es ist dabei ohnehin selbstverständlich, dass bei einer wirklich offenen Grundhaltung nur das entsteht, was auch meinem eigenen Hiersein, meinem Jetztsein und Sosein als Mensch gemäß ist. Aber da ich in meinem und aufgrund meines freien, (nach-)schöpferischen Tuns ohnehin selbst „bin", brauche ich auch nicht darüber nachzudenken, sondern nur vertrauensvoll zu empfangen, was mir an Musik gegeben wird. Bereits einige Kapitel weiter oben wurde ein Satz von Wackenroder zitiert: „In dem Spiegel der Töne lernt das menschliche Herz sich selbst kennen."[37] Dieser Satz lautet gerade nicht: „In dem Spiegel seiner selbst lernt das menschliche Herz die Musik kennen", sondern es heißt genau umgekehrt: Im Spiegel der Töne findet die menschliche Seele zu sich. Und es heißt auch nicht „in den Tönen", sondern „im Spiegel der Töne": Man öffnet sich unmittelbar für das, was sich infolge der Töne als Ursache einstellen mag. Dabei hat nicht der Wille zu entscheiden, was kommen soll und ob überhaupt eine Wirkung entsteht. Es geht, um es erneut zu sagen, darum, dass alles das kommen und entstehen mag, was dem Hier und Jetzt des Hierseins und Soseins des Klanges gemäß ist, und sei dies ein stummes Verklingen in Dunkelheit oder eine alles erhellende Offenbarung.

Der richtige Weg besteht also wiederum im aktiven Nichtstun. Dies mag leichter klingen, als es ist, und es mag, seitdem der Schriftsteller Siegfried Lenz dieses Schlagwort einst geprägt hat, gefährlich leicht über die Lippen gehen. Allerdings erfordert es eine lange Übung, die im optimalen Fall schon mit dem Studium einhergeht, wenn man sich ein musikalisches Repertoire erarbeitet. Denn mit dem Entdecken eines neuen Kunstwerks, besonders dem erstmaligen, betritt man eine ursprüngliche Ebene des Erlebens, die man sich laufend bemühen kann und sollte, wieder zu erreichen und eben nicht nach sechs Tagen des Einstudierens zu verlieren. Ist die Ebene des ursprünglichen Erlebens aber einmal abhandengekommen, so wird es mit fortschreitender Zeit immer schwieriger, sie wiederzuerlangen. An dieser Stelle hat eine ganz besondere Art von musikalischer Arbeit

---

[37] Wilhelm Wackenroder: *Werke und Briefe*, Berlin und München 1984, S. 327.

anzusetzen, nämlich jene der Befreiung vom Automatismus des Versiegens der Lebensquelle im Kunstwerk: Man verwindet nicht die vermeintliche Tatsache des Versiegens, sondern man versteht, dass man sich gerade in der übermäßigen Beschäftigung vom Kern des Werkes unbemerkt abwendet und sich an irgendwelchen Bestandteilen abarbeitet, während in Wahrheit eigentlich überhaupt nichts versiegt. Jene besondere Art der musikalischen Arbeit hat viel mit der eigenen Herangehensweise an das musikalische Kunstwerk zu tun, die seitens des Künstlers nicht konsumierend sein darf: Ein musikalisches Repertoire wird im Zuge seiner Erarbeitung nicht gleichsam „abgeerntet" und liegen gelassen, nachdem man es beherrschen gelernt und vielleicht aufgeführt hat. Wer dies tut, dem stirbt im Lauf der Zeit jedes noch so große Meisterwerk unter der Hand weg, da man dabei – bewusst oder unbewusst – nach etwas sucht, allerdings nach dem Falschen. Jemand, der mit einer solchen konsumorientierten Einstellung an musikalische Meisterwerke herangeht, gleicht einem Schwarm von Wanderheuschrecken, der in einen fruchtbaren Landstrich einfällt und so lange verweilt, wie dort noch ein Rest von Leben existiert. Beim Weiterziehen wird aber abgetötetes Ödland hinterlassen. Einem Künstler ist das eigene Repertoire hingegen geliebte und gehegte Heimat, in welcher man lebt und ganz so leben darf, wie man selbst ist, eine Heimat, die man in Zeiten der Abwesenheit vermisst. Diese künstlerische Heimat besteht aber nur selten von vornherein. Immer wieder erhalten Menschen das Geschenk, ein Werk beim erstmaligen Hören als ihre musikalische „Heimat" zu erkennen und diese dann für immer für sich zu haben. Andere Musiker müssen durch einen langwierigen Reifeprozess gehen und sich ihre künstlerische Heimat gleichermaßen erschließen wie erarbeiten. Beides sind mögliche und richtige Wege.

Der Prozess des Wiederentdeckens eines übermäßig vertrauten Kunstwerks lässt sich mit der Vorstellung vergleichen, in bekannten Gewässern einen verborgenen Schatz zu entdecken. Man versucht, die Schranken der eingelernten Routine zu überwinden und eine vielleicht verlorene Ursprünglichkeit neu zu entdecken. Findet man einen Weg, von den routinierten Mustern loszukommen und einen Zustand zu erlangen, der ein inspiriertes, neues Entdecken zulässt, dann erwachen, selbst noch im fortgeschrittenen Alter, eine kindliche Freude und Neugier, und man ist mit einem Mal auf dem richtigen Weg: Hier mache man sich in der spätestens zu diesem Zeitpunkt aufquellenden Sehnsucht aller Liebe bewusst und tauche dort ein, wo, mit Wackenroders Worten, „alle Angst unsers Herzens durch leise Berührung auf einmal geheilt wird". Beethoven soll dies beschrieben haben mit den Worten: „von der Offenbarung der Kunst aufgelöst werden, das ist die Hingabe an das Göttliche". Weiter wird berichtet, dass er gesagt habe: „Wem die Musik sich verständlich macht, der muß frei werden von all dem Elend, womit sich die andern schleppen."[38] Je beharrlicher aber die echte Sehnsucht ist, desto wahrscheinlicher wird das Finden, sei es nun erstmalig oder wiederholt. Zur Wegbereitung und -begleitung kann hier zum Beispiel das aufmerksame, möglichst unverfälschte Spiel jener Werke dienen, die der Dirigent Hans von Bülow einmal als Altes und Neues Testament in der Klaviermusik bezeichnet hat: Johann Sebastian Bachs *Wohltemperiertes Klavier* und Ludwig van Beethovens Klavier-

---

[38] Bettine von Arnim: *Goethes Briefwechsel mit einem Kinde*, Brief an Goethe vom 28. Mai 1810, Frankfurt a. M. 1984, S. 386 und 383.

sonaten. Im Zusammenhang mit einem der Stücke aus diesen
Sammlungen sagte Bülow einmal:

> „Ihre Technik können Sie wo anders als an einem solch musi-
> kalisch feinen Stück zeigen. Leider machen es heute viele
> Virtuosen so, damit der Applaus und der Lorbeerkranz umso
> grösser werden. Gott behüte uns! mu si ka li sch, nur ja recht
> mu si ka li sch spielen, ob es in einem Wolthätigkeits-Concert
> ist, oder ob Sie das Geld selbst in die Tasche stecken."[39]

Wenn man vor dem Hintergrund des eben Gesagten nun das
betrachten will, was eingangs mit „guter" Routine bezeichnet wurde, so wird deren eigentliche Unmöglichkeit offenkundig: Wie will man denn – selbst im positiv gemeinten
Sinn – eine Situation „beherrschen", die man *per definitionem*
nicht unter Kontrolle hat? Wie könnte man meinen, über ein
Geschehen Kontrolle zu besitzen, wenn man weiß, dass man
für das Entstehen der Gegenwart von wirklicher Musik zwar
gedeihliche Bedingungen ganz bewusst durch den Abbau von
Hindernissen schaffen kann, dass man aber zuletzt dennoch
keinerlei direkten Einfluss auf den Grad des Gelingens des
Ergebnisses hat? Und wie will man dann keine Aufregung
haben? Die jeweils gleiche Antwort auf diese Fragen lautet
schlicht: überhaupt nicht. Die Wahrheit ist nämlich, dass alle
guten Musiker stets in einer gewissen liebenden Sorge – manche sogar in regelrechter Angst – um ihre Musik sind, gerade
weil sie wissen, dass sie, bei aller Beherrschung der Situation, in Wirklichkeit keine Kontrolle besitzen. Einem Solisten können jederzeit Fehler passieren, und auch ein Dirigent
ist vom guten Willen und dem Tun aller Musiker abhängig,

---

[39] Theodor Pfeiffer: *Studien bei Hans von Bülow*, Berlin 1894, S. 1f.

die unter seiner Leitung spielen. Selbst einem überragenden Kapellmeister wie Karl Böhm war diese Tatsache nur allzu sehr bewusst. Als legendär wie berüchtigt galt seine Besorgnis um die Musik, besonders wenn sich diese Sorge in beinahe schon bösartig wirkenden Nachstellungen und Ausbrüchen gegenüber jungen und neuen Musikern im Ensemble entlud, die sein Vertrauen noch nicht erworben hatten.

Eine technische Sicherheit kann man sich selbstverständlich erarbeiten, ebenso auch eine Erfahrung mit Aufführungssituationen. Aber man schafft bei einem erarbeiteten Automatismus des Spieles eine Distanz zur lebendigen Gestalt im musikalischen Augenblick. Je stärker ein Ablauf von Noten und Griffen zum korrekten akustischen Vollzug eines Werkes eingeübt wird, desto größer wird in der Folge die Gefahr, dass das veräußerlichte Gelingen der Tonabfolgen an die Stelle des musikalischen Erlebens tritt, weil es als eine Art musterhafte Choreografie des „performativen Funktionierens" – bestenfalls – nur von einem einmaligen musikalischen Erleben abgeleitet ist. Und desto mehr an Präsenz und Aufmerksamkeit ist erforderlich, damit man ein Werk trotzdem bewusst gestaltet spielt. An sich ist es natürlich sinnvoll, die richtige akustische Reproduktion der Töne eines Werkes möglichst gewährleisten zu können. Aber die Annahme, dass eine Trennung technischer Angelegenheiten von der lebendigen musikalischen Substanz zielführend, ja überhaupt schadlos möglich sei, ist ein Irrtum. Denn man trainiert auf diese Weise ungewollt nur eine entseelte Routine ein: Man durchtrennt bei einer falschen Art des Einübens eine Lebensader, die man später irrtümlich und als mit Selbstverständlichkeit bestehend voraussetzt, ohne zu merken, dass sie schon längst nicht mehr existiert. Wie aber möchte man bei einem Stück später Musik „machen" oder gar „hinzugeben", wenn man zuvor die meiste Zeit nur ein Gelingen eingeübt hat, nicht aber die lebendige Seele des musikalischen Atems eines Werkes in jedwedem Augenblick? Musik ist nicht Zutat, sondern vielmehr Wesen der klingenden Sache. In Wahrheit wäre es also die Aufgabe, das genaue Gegenteil von dem zu tun, wozu viele Lehrer an Musikhochschulen ihre Studierenden anhalten: Es darf niemals eine Trennung von Technik und Musik bestehen, vielmehr hat jede auch noch so banal scheinende technische Übung als möglichst ungetrübter musikalischer Akt eingeübt zu werden. Die Wiederholung, die naturgemäß am meisten dazu drängt, die eigene Aufmerksamkeit beiseitezulegen und sich dem Automatismus, dem geistigen Leerlauf oder dem Abschweifen der Gedanken hinzugeben, darf keine Übung zum entseelten und unbegründeten Ausdruck werden. Die Repetition bringt vielmehr die Herausforderung mit sich, bewusst gegen ermüdende Gleichförmigkeit anzutreten. Nicht ohne Grund sagte Edwin Fischer einmal: „Das Gesetz der Wiederholung scheint der Fluch Gottes, scheint die Schranke zu sein, die uns von den Göttern trennt."[40] Dies gilt für einzelne Passagen wie auch für ganze Werke.

Der übliche Fehler liegt also nicht im Üben selbst, sondern in der Art des Übens und im Umgang mit der permanenten Wiederkehr von Figuren: Jede auch noch so einfach erscheinende Vokalise der Gesangsstudenten ist vielmehr als eine eigene, individuelle musikalische Gestalt zu erkennen und zu behandeln, auch wenn sie als solche gewiss stark reduziert im Vergleich zu einem komponierten Meisterwerk ist. Aber wer schon einer einfachen Dreiklangs- oder Tonleiterübung

---

[40] Edwin Fischer: *Musikalische Betrachtungen*, Wiesbaden 1959, S. 19.

kein Leben einzuhauchen vermag, dem wird dies bei der Arie der Pamina erst recht nicht gelingen – und nicht umgekehrt. Es ist für einen Musiker besonders wichtig, sich vor Augen zu halten, dass jede noch so tonarme Phrase und jeder noch so einfache Sprechrhythmus für sich genommen bereits eine minimale musikalische Gestalt ist, ebenso wie auch ein jeder Einzeller bereits ein vollwertiges, ganzes Lebewesen ist. Geistlosigkeit im Einüben setzt bei Tonleitern und technischen Übungen an und konditioniert daher zwangsläufig auf Geistlosigkeit in der Musik. Hier bereits gegenzusteuern – selbstverständlich nicht durch ein Abschaffen technischer Übungen, sondern durch die Beseelung der kleinsten Gesten –, ist Aufgabe der Musikausbildung. Bei den kleinen Figuren setzt die musikalische Gestaltungsvielfalt – keineswegs aber eine Gestaltungsfreiheit im Sinne von Willkür – an. Und erst im Erlernen der kleinen Gestalten der Tonwelt findet man die Bausteine und die Funktionsweise der größeren musikalischen Gestalten und Formen. Das „Raster" der musikalischen Gestalt in der Musikauffassung einfach nur zu vergröbern und erst bei ganzen Ton- oder Taktgruppen anzusetzen, höhlt die Musik hingegen aus. Zugleich veräußerlicht es das musikalische Hören und steigert in der Folge unter anderem die äußerliche Exaltiertheit und das Spieltempo, da die nicht erreichte Bedeutungstiefe im Ausdruck beim Spielen von Details selbst bei musikalisch Unbeflissenen das Gefühl von Unstimmigkeit erzeugt, welches durch Überspannung und Beschleunigung ausgeglichen wird: Man simuliert Reizdichte durch Übersteigerung und Stauchung der Informationen, statt von der wirklichen Dichte der Information ausgehend eine in sich stimmige Gliederungsgestalt aufzubauen, welche die filigranen Details der Musik mit einschließt.

Es ist im Übrigen ein fundamentaler Irrtum anzunehmen, dass ein Überblick über größere musikalische Einheiten automatisch durch den Blick auf die großen Bögen gefunden würde. Auf diese Weise wird man keinen wirklich weiten und überzeugenden musikalischen Bogen erzielen, sondern es würde alles nur in etwas größere Stücke zerhackt werden, aber ebenso wenig stringent und musikalisch bleiben, wie es ein nur taktweises Ausartikulieren von Haupt- und Nebenzeiten wäre. Der verlässlichste Indikator für den Irrtum, dass ein großer Bogen durch eine Hervorhebung möglichst großgliedriger Einzeleinheiten entstünde, ist bei einem Interpreten, wenn er eine schnelle Spielgeschwindigkeit wählt, die eine differenzierte Spielweise der kleinsten sinn- und gestalttragenden Notenwerte – und zwar in deren Abgrenzung vom Ornament: also beispielsweise Sechzehntelnoten in Abgrenzung vom Triller – nicht mehr zulässt. Das Gegenteil ist nämlich der Fall: Der Weg in den großen Bogen muss zunächst ins Detail führen und von dort aus über Stringenz in die Breite. Stringenz muss zunächst in der Langsamkeit erreicht werden, bevor sie in hohem Tempo bestehen kann. Denn etwas wird erst dann zu einem großen Bogen im Sinne einer übergeordneten Einheit, wenn die Beziehung zwischen dem Detail in der kleinsten gestalterischen Einheit und der Gesamtgestalt vorhanden und erkennbar ist, nicht früher. Das Geheimnis eines großen musikalischen Bogens liegt daher nicht in der Gliederung eines Werkes in größere Abschnitte im Sinne einer Portionierung oder gar eines gleichsam groben Pinselstrichs, sondern es liegt im Zusammenhang zwischen dem Detail und der größeren Form. Mit Routine hat dies insofern zu tun, als ein schnödes, routiniertes Spiel selten mit einer situativ abgewogenen Balance zwischen Groß und Klein einhergeht, sondern vielmehr mit der Gewohnheit, die musikalischen Parameter nicht auszubalancieren, da man wahrscheinlich jenseits der aktiven Wahrnehmung geübt hat. Dies wiederum ist als Mangel in einer Aufführung hörbar. Kunst nämlich zeichnet sich dadurch aus, dass nicht allein der Verstand zu Form wird – dies wäre bestenfalls wohl Philosophie, nicht aber Kunst –, sondern dass besonders auch Seele eine Form – im Fall der Musik: klingende Form – annimmt. Echte Gestalt in der Musik ist daher primär Seele und nur sekundär Verstand. Hierfür aber gibt es keine Gewöhnung und auch keine Routine.

Um das diesem Kapitel vorangestellte Zitat zu ergänzen, sei auf eine spätere Stelle desselben Vortrags hingewiesen, in der Wilhelm Furtwängler eine Intelligenz fordert, es nicht bei dem „‚Flugbild' von Kunst und Künstler bewenden" zu lassen, sondern dass sie (die Intelligenz) „heruntersteige":

> „Daß sie das einmalige Ereignis des Kunstwerkes, weil es uns unmittelbar angeht, ebenso, ja noch mehr beachte, als die geschichtlichen Zusammenhänge. Daß sie die Ehrfurcht, daß sie die Liebe, die fanatisch hingegebene Liebe, ohne jeden Vorbehalt wieder lerne zur wahrhaftigen Größe. Die furchtbare Wirkung des einseitigen Denkens, die wir heute in unserer Öffentlichkeit mit ansehen müssen, kann nur das Denken selber, ein höheres, umfassenderes Denken, überwinden. Echte Kunst kann nur in einer Atmosphäre von – relativer – Naivität gedeihen."[41]

---

[41] Wilhelm Furtwängler: *Ton und Wort. Aufsätze und Vorträge*, Wiesbaden 1955, S. 267f.

> Nur die richtige Erfassung des Melos giebt aber auch das richtige Zeitmaaß an: beide sind unzertrennlich; eines bedingt das andere.
> (Richard Wagner)

Melodie

Die Grundlage und Ausgangsbasis unserer mitteleuropäischen Musikkultur ist die gesungene Melodie. Zu keiner Zeit der älteren Musikgeschichte wurde die primäre, für den musikalischen Ausdruck führende Rolle der Melodik infrage gestellt, wenngleich sich das melodische Denken und Empfinden gelegentlich gewandelt hat. Natürlich bedeutet dies nicht, dass nicht Rhythmus, Harmonik und Klang beziehungsweise Klangfarbe auch wesentliche Ausdrucksträger von Musik sind. Aber zumindest bis ins ausgehende 19. Jahrhundert waren sie gegenüber der Melodik nicht so dominant, dass sie diese in der Entfaltung ihres Ausdrucks signifikant gehemmt hätten. Vielmehr haben sie sich mit ihr zu einer größeren Gesamtgestalt vereinigt. Diese Verbindung sowie auch deren Konsequenzen sind seit der Wende zum 20. Jahrhundert mehr und mehr abhandengekommen.

Beispielsweise hat sich – wenn auch unbewusst wesentlich mitbeeinflusst von der popmusikalischen Tradition und den durch sie gebildeten Hörgewohnheiten – in der heutigen Auffassung eine vielfach sich zeigende Dominanz des Rhythmus gebildet. Diese hat sich in der Folge immer weiter verfestigt, ungeachtet dessen, wie buchstäblich stumpfsinnig etwa eine mechanische Überbetonung von Takthauptzeiten oder sonstigen Hervorhebungen klingen kann, ja muss: insbesondere dann, wenn – im Kontext subtil ausgewogen komponierter

Musik – eine melodische Linie rhythmisch zerhackt wird. Die alten Interpreten, so etwa Felix Weingartner, warnten beispielsweise beim Beginn der fünften Symphonie Ludwig van Beethovens[42] eindringlich davor, dass man das im sechsten Takt einsetzende Thema durch Akzente auf den tiefer liegenden Noten an den Taktanfängen zerstückle. Nur dadurch, so Weingartner, dass die Töne in ihrer ganzen „rhythmischen und dynamischen Gleichheit" gespielt werden, kommt der besondere Charakter der Stelle mit allem gespenstisch-düsteren Schleier zum Tragen. Hingegen wird er durch perkussiv wirkende Akzentuierungen völlig zerstört. Wesentlich ist vielmehr die Ausarbeitung der beiden Viertakter mit ihrem ganzen melodischen Zug. Nur so kommt der schauerlich seufzende Geisterhauch der Phrase (in den Takten 6–13) zum Tragen. Und Richard Strauss, der nicht nur ein führender Komponist, sondern auch einer der bedeutendsten Dirigenten seiner Zeit war, hat zur Vermeidung der Taktanfangsschwerpunkte im Schicksalsmotiv des Kopfsatzes von Beethovens fünfter Symphonie gar einen Akzent auf der jeweils ersten Note jeder Achtelgruppe verlangt.

Eine vom rhythmischen Empfinden herkommende, eher perkussive Spielweise hat den Vorteil, dass sie eine unmittelbare körperliche Wirkung entfaltet, auch bei Publikum mit nur geringem Feinsinn für musikalische Nuancen. Außerdem ist sie derart allgemein anwendbar, dass sie einer tiefen Auseinandersetzung mit dem einzelnen Kunstwerk kaum

---

[42] Felix Weingartner: *Ratschläge für Aufführungen der Sinfonien von Beethoven*, Leipzig 1906, S. 62.

bedarf, solange man sich nur an den Taktschwerpunkten wie an einem verlässlichen Raster orientiert, das man über ein Musikstück legt. Im ausgehenden 20. Jahrhundert ist eine auf weitgehend einseitige Hörgewohnheit und Hörerwartung ausgerichtete, kommerzialisierte Interpretationsweise zunehmend ein Ersatz für eine eingehende und ernsthafte Auseinandersetzung mit der jeweils konkreten Individualität des musikalischen Kunstwerks geworden. Diese Entwicklung war aber bereits eine Folgeerscheinung der jahrzehntelangen, schleichenden Entsinnlichung in der Kunst und der Verflüchtigung von lebendiger nachschöpferischer Inspiration. Diese ging mit dem Verlust von Kultur im Weltkriegsjahrhundert einher, wenn sie ihn auch nicht verursachte. Als weitere Folge ist auch eine klangliche Schönheitsästhetik in der Moderne mehr und mehr abhandengekommen.

Wenn die Melodie als künstlerische Ausdrucksgestalt in der Musik das Primäre ist, bedeutet dies folglich, dass die vollständige, inhaltliche Darstellung der in der Melodie als Einheit gestischer Intervallverbindungen eingefassten künstlerischen Idee der eigentliche Kern dessen ist, was die Musik als Kunst hinter dem reinen Erklingen auszudrücken bestrebt ist. Es bedeutet allerdings keineswegs, dass die Melodie in mehrstimmiger Musik unabhängig, ohne engste Verschränkung mit dem vertikal Klanglichen oder dem zeitlich Rhythmischen und Formalen für sich stehen würde, ja solle. Sonst müssten beispielsweise Franz Schuberts Lieder auch unbegleitet und gänzlich ohne den Sinn der Worte ihre volle Wirkung entfalten. Das Gegenteil ist aber der Fall: Denn insbesondere die Verbindung aller Elemente, die zu einer Einheit verschmelzen, hebt das Ganze erst auf eine neue, höhere Ebene und erweitert den Horizont des Verstehens im Einklang mit der ausgelösten Empfindung.

Einer Melodie, die ohne den sie mittragenden und durchdringenden Klang (und die Klangverbindung) gehört und gedacht ist, fehlen substanzielle Wesensmerkmale ihrer Ausdrucksgestalt. Praktisch niemals in mehrstimmiger Musik steht die Melodie wirklich ganz allein für sich, sondern sie ist in der Harmonie und Klangverbindung gefasst, selbst in einer kontrapunktischen Komposition, die, ganz im Gegenteil, ihr Leben durch die harmonische Verflechtung der melodischen Linien meist überhaupt erst entfaltet. Keineswegs geht es dabei aber um die Frage eines Primats (der Melodie über die Akkordik oder umgekehrt); diese würde, sosehr man auch darüber philosophieren könnte, nur von der eigentlichen Aufgabe ablenken, die in der Realisation eines untrennbaren Verschränktseins der Parameter besteht: Aufgabe des Musikers ist das integrative Zusammenhören und Aufeinander-Beziehen von Melodie, Klang/Harmonie und Rhythmik. Dabei sollen die einzelnen Parameter einander jeweils unterstützen und nicht wechselseitig hemmen oder gar entstellen. Sie dürfen einander nicht gemäß den jeweils eigenen Charakteristika umprägen und umwandeln, sofern dies nicht ausnahmsweise im Kontext der Komposition zugelassen wird. Vielmehr muss man immer die Balance im Auge behalten. Daher hat beispielsweise jedes „Zerhacken" von Melodik zugunsten einer verstärkten rhythmischen Akzentuierung ebenso als grundsätzlich falsch zu unterbleiben wie die Zerstörung des musikalischen Flusses und der metrischen Bewegung durch überzogene oder gar gespielte Sinnlichkeit im Klang, durch falsches Rubato oder durch ein Ritardando, das seine Ursache oft in veräußerlichter oder geheuchelter Leidenschaft hat oder aber schlichtweg in einem Mangel an musikalischer Bildung. Stattdessen sollte man versuchen, beim Spielen zu einem „Singen" zu finden und die Melodien mit voller Sinnlichkeit auszumusizieren.

Die Melodie hat zwei Paten, einerseits den gesprochenen Text und andererseits die Gesangsstimme mit ihren physischen Möglichkeiten und Grenzen. Der gesprochene Text, insbesondere der poetische, ist mit seiner natürlichen Deklamation ein Vorbild für die musikalische Melodik im Abendland. Die Sprache ist in der Musik vor allem bestimmend geworden für den Grundfluss melodischer Bewegung. Mit ihren Nuancen des deklamatorischen Duktus wurde sie wesentlich für melodische Gestik und Form. Das natürliche Bewegungsverhalten von Sprache, ihre verschiedenen Arten von Akzentuierungen, Hebungen und Senkungen sind Grundtypen auch in der melodischen Gestaltung. Daher wird eine Melodie als natürlich empfunden, die ähnlich wie ein gemäßigt und natürlich gesprochener Text fließt – und nicht wie eine Hassrede poltert oder vielleicht auch tänzelt – und auf ihre nie überakzentuierten Betonungen sich hinbewegt sowie flüssig weiterschreitet, ohne dabei zu sehr zu verzögern oder zu hasten. Die Urform der musikalischen Melodik liegt damit nicht in der gehobenen rhetorischen oder schauspielerischen Sprache mit ihrer bewusst gestalteten, oft schon artifiziellen Deklamation. Vielmehr liegt sie in der unverfälschten Rede in ihrer unbewusst geformten, natürlichen Gestalt. Hingegen wird ebenso auch eine Melodie schnell als künstelnd, überzogen oder pathetisch empfunden, wenn etwa ihre Akzente und Dehnungen überzeichnet oder ihre Ritardandi zu sehr in die Breite geführt werden und die natürliche, innere Proportioniertheit gestört ist. Und eine gesungene Melodie, die der Textdeklamation zuwiderläuft, wird im Übrigen selbst bei geringer musikalischer Aufmerksamkeit und Bildung als seltsam und unnatürlich empfunden. In einigen Motetten von Heinrich Schütz gibt es Stellen, die deutlich machen, dass falsch gesetzte Akzente die

Deklamation verunstalten können, so etwa im Psalm 84 oder, viel bekannter, im Abschnitt „der für uns könnte streiten" in „Verleih uns Frieden, genädiglich": Die auf das Wort „streiten" gerichtete Bewegung würde man einerseits durch einen falschen Akzent auf „für" zerstören. Andererseits käme sie auch dann nicht zur Geltung, wenn man sie über ein unnatürliches und unmotiviertes Crescendo – das man vielleicht gar mit einem Accelerando verbindet – am Ende mit einem künstlichen, vom Taktempfinden kommenden Akzent auf „streiten" zu erzeugen versuchen würde.

Die vollkommene Synthese aus Textdeklamation und melodischer Bewegung findet sich im deutschen Kunstlied der Wiener Klassik und Frühromantik, beispielsweise bei Mozart und, ganz besonders, bei Schubert. Die gesprochene Textvorlage beinhaltet bereits einen Bewegungsfluss, der in der Melodik wiedergefunden werden kann: Die Schwerpunkte im Text gehen mit den verschiedenen Typen melodischer Betonung einher. Beschleunigungen und Verlangsamungen im Lesefluss werden zu melodischen Bewegungstendenzen in Abhängigkeit vom Takt und seinen Zeiten.

Die musikalische Bewegung kommt aber nicht ursprünglich vom Takt her, sondern sie ist in ihn eingepasst und mit ihm verschränkt. Daher bewirkt auch eine rhythmisch präzise, perkussive Spielweise keine musikalische Bewegung, sondern nur statische Akzentuierungen. Der damit einhergehende Verlust von gestalterischer und musikalischer Tiefe wird von den meisten Interpreten in der Regel durch eine Steigerung der Spielgeschwindigkeit ausgeglichen, die wiederum zu weiteren Überakzentuierungen anreizt. Diese wirken bestenfalls aber nur an der äußersten Oberfläche leidenschaftlich und sind über den punktuellen Einzelaugenblick hinaus nahezu immer arm an Gehalt und Bedeutung.

Der Teufelskreis wird in der Folge durch eine Steigerung der Präzision und eine verstärkte Fokussierung auf Spieltechnik geschlossen. Verlassen wird er hingegen mit einer Hinwendung einerseits zu den rhythmischen Grundlagen der Tongestaltung und andererseits zum Klang sowie durch ein kompromissloses Suchen nach seelischer Tiefe im Einzelklang sowie auch in der Melodiegestalt. Fast immer geht dies, zumindest zunächst, mit der Notwendigkeit einer deutlichen Verlangsamung des Spieles einher. Eine Grundregel im musikalischen Studium, ganz gleich auf welcher Stufe des Fortschrittes, lautet: Wer dem eigentlichen Ausdrucksgehalt einer musikalischen Gestalt in einem langsamen – selbst überzogen langsamen – Tempo nicht zum klingenden Leben zu verhelfen vermag, dem wird dies in einer hohen Spielgeschwindigkeit erst recht nicht gelingen. In der Kunst der Darstellung einer melodischen Ausdrucksgestalt gilt es, die Bewegungstendenzen aufzuspüren. Hierbei ist die Rhythmik nur teilweise hilfreich und dient vor allem anfänglich der Vermeidung von falschen Unschärfen, die oft ungewollt passieren und die Darstellung der musikalischen Grundgestalt überhaupt behindern. Auf das Ausproportionieren der Zeitwerte gehe ich im nachfolgenden Kapitel ein.

Das „ungleiche Spiel" („Inegalität") oder Rubato, die Königsdisziplin in der melodischen Darstellung, ist demgegenüber die Technik, die auf dem ganz bewussten und gekonnten Einsatz von Unschärfen in der Metrik beruht. Eine richtige und vor allem natürliche musikalische Rubatotechnik erlernt man nicht so sehr am Instrument, sondern zunächst eher dadurch, dass man Lieder selbst aktiv singt, und zwar aufbauend auf dem Eigenrhythmus der Sprache im deklamatorisch gesprochenen Text mit seinen natürlichen Bewegungstendenzen: Zunächst übt man den Liedtext sprechend im natürlichen Fluss und mit nicht übertriebener Deklamation. Dieser wird dann auf die Melodik des Liedes so übertragen, dass die Bewegungstendenz des Sprechflusses zum melodischen Zug wird und der feingliedrige Rhythmus der Sprache in die Melodik übergeht, auch unter allgemeiner Einhaltung der in der Musik vorgegebenen rhythmischen Tondauern. Dabei darf nicht übersehen werden, dass Hebungen im Text keineswegs notwendig – vielmehr nur selten – auch zu musikalischen Akzentuierungen führen, insbesondere dann nicht, wenn sie an Hauptzeiten im Takt stehen. Eine Interpretations- und Aufführungslehre, die dies nicht beachtet, banalisiert und geht nicht darauf ein, was die Musik an Substanz bereitstellen kann. Häufig führen Hebungen und Sinnbetonungen im Text bei der dazu komponierten Gesangsmelodie zu betonten oder auch unbetonten Dehnungen, zu gleichfalls nicht notwendig betonten Melismen oder zu herausgehobenen Tonhöhen. Rubato ist sodann das gekonnte, geschmackvolle Spiel mit kleinen Freiheiten innerhalb der rhythmischen Gestaltung – zum alleinigen Zweck der Unterstreichung der inneren Bewegungsimpulse der Melodik im musikalischen Vortrag. Es dient nicht der Darstellung von einzelnen Tönen einer Melodie, sondern dem Ausdruck von Impulsen der Bewegung. Somit liegt es nicht so sehr „auf" den Noten, sondern gleichsam „dazwischen". Das natürliche Bewegungsverhalten der Melodie wird nicht geändert, sondern in seiner Substanz beibehalten und unterstützt.

Darüber hinaus ist die Dauer des Pulses der an der jeweiligen Stelle größten musikalisch relevanten metrischen Einheit, die oft ein Ganztakt ist (oder, abhängig von der Entstehungsepoche des Werkes und der jeweiligen Melodiegestalt, der Doppeltakt, eine Phrase oder ein bestimmtes

Phrasenglied), gleichermaßen einzuhalten: Dies bedeutet einerseits, dass ein Rubato, das nicht geführt ist und keinen zwingenden inneren Bewegungsimpuls hat, der aus der Melodiegestalt kommt, ganz grundsätzlich falsch ist. Andererseits bedeutet es auch, dass man zur Unterstreichung des natürlichen, inneren Bewegungsverhaltens der Melodie subtile Änderungen an den Zeitwerten der Töne sowie an der Spielgeschwindigkeit vornehmen darf. Allerdings muss man innerhalb der Gleichmäßigkeit des Pulses der größten metrischen Einheit zum Ausgleich kommen, sodass die darauf anschließende Einheit nicht früher oder später einsetzt, als sie es infolge eines metrisch strengen Spieles getan hätte. Ansonsten würde nämlich nicht der Eindruck eines stellenweise metrisch unscharfen musikalischen Vortrags im Dienst des Ausdrucks entstehen, sondern womöglich der Eindruck von einer generellen Beschleunigung oder Verlangsamung im Spiel und damit eines Verlusts an zeitlicher Organisation überhaupt.

Zudem gibt es zwei Grundregeln im Rubatospiel: Erstens: Nur ein untrügliches musikalisches Gespür erlaubt ein Rubatospiel. Die zweite Regel ist zugleich die Begründung für die erste: Bereits die geringste Überdosierung macht das Rubato zu einem Gift für die Musik. Man spiele besser überhaupt kein Rubato als ein auch nur minimal überzeichnetes oder falsch gesetztes! Das schlimmste Rubato ist eines, bei dem zu hören ist, dass es unempfunden und nur künstlich konstruiert ist, etwa als „Stilmittel", aber keine gefühlte musikalische Gestalt darstellt. Für den richtigen Ausdruck ist nämlich grundsätzlich das authentische, ehrliche Empfinden entscheidend, nicht nur im Rubatospiel, sondern ganz allgemein. Treffender als es einst Bruno Walter formuliert hat, ist es vermutlich nicht auszudrücken:

„Eine Forderung aber muß der Nachschaffende vor allen anderen an sich stellen: die der vollen Aufrichtigkeit. Er darf nur so ausdrucksvoll musizieren, wie er wirklich fühlt; zuviel ‚Gefühlsaufwand' ist schlimmer als zuwenig – lezteres ist höchstens Armut, ersteres wäre Lüge."[43]

Diese Aussage ist auch eng mit dem bereits an anderer Stelle gesagten Satz verbunden, dass „Stil" nicht von außen die Musik formen soll, sondern die Künstlerpersönlichkeit gleichsam von innen. Man kann nicht einfach einen inneren Schalter umstellen, dem eigenen Spiel plötzlich „Inegalität hinzugeben" und erwarten, dass das Resultat überzeugen wird. Dränge ich meiner Spielweise nur ein oberflächlich umformendes System auf, kann ich nicht zugleich innerlich frei werden, sondern ich werde eher meinen authentischen Ausdruck verlieren und dann im Nachgrübeln über die Konvention des Systems und ihre Anwendung enden. Hierin liegt auch der Irrtum vieler Musiker hinsichtlich einer falsch verstandenen „historisierenden" Spielweise: Man kann ein Musikstück nicht einfach mal „auf Alte Musik machen". Vielmehr habe ich mich von einem Stil über Jahre hinweg innerlich formen und kultivieren zu lassen. Daraufhin muss ich lernen, mich im eigentlichen Akt des Musizierens aller Konventionen zu entledigen, damit ich frei und musikalisch spielen und einfach nur Musik machen kann. Ein Stil wird nicht einfach angeeignet und er wird auch nicht wahlweise angewandt. Vielmehr werde ich als Künstlerpersönlichkeit durch einen Stil kultiviert. Ich werde ein Teil davon. Und ich werde erst dann künstlerisch frei, wenn ich mich innerhalb

---

[43] Bruno Walter: *Von der Musik und vom Musizieren*, Berlin 1986, S. 93.

seiner engen Umgrenzung mit aufrichtigem und feinsinnigem Ausdruck entfalten und in der Musik, nicht im Stil, verwirklichen kann. Eine solche Art der Kultivierung ist gemeint, wenn in einem Kapitel weiter oben erwähnt wird, dass „Kultur immer streng umgrenzt" ist, weil sie nicht nur selbst zeitlich und örtlich gebunden ist, sondern auch mich als Musiker hinsichtlich meines Repertoires zeitlich und örtlich bindet, da sie mein Denken und Empfinden prägt. Hierin liegt der Unterschied zu jenem negativ gemeinten, universellen und unbegrenzt anwendbaren „billigen Weltbürgertum", von dem Bernhard Paumgartner spricht.[44]

Der zweite Pate der Melodik ist die Gesangsstimme. An ihr maß sich anfangs überhaupt jede Melodik, und selbst die rein instrumentale Melodik sowie ihre Ästhetik entstanden, im Rahmen des jeweils Möglichen, ursprünglich aus einer antithetischen Einstellung gegenüber den physischen Begrenzungen der menschlichen Stimme. Die klassische Orgeltoccata grenzte sich mit ihrem zur Zeit des frühen Barock entstandenen Instrumentalstil vom alten Stil der Vokalpolyphonie des 15. und 16. Jahrhunderts beispielsweise bewusst durch vollstimmige, oft lang ausgehaltene Klänge und mit der Stimme unsingbar schnelle Läufe ab oder durch Phrasen, die die normale Atemspanne der Gesangsstimme überdauern. Mit anderen Worten: Die typisch instrumentale Melodik setzte genau dort an, wo die menschliche Stimme infolge ihrer natürlichen Grenzen von Luftkapazität, Tonhöhe oder Geschwindigkeit aufhören musste. Damit baute sie unmittelbar auf sie auf und ging über sie hinaus. Später wurden instrumentale Melodien

---

[44] Bernhard Paumgartner: *Erinnerungen*, Salzburg 2001, S. 93.

wiederum von den spieltechnischen und klanglichen Möglichkeiten eines bestimmten Instruments oder auch von der Art ihres Gebrauchs in der neuzeitlichen Gesellschaft weiter beeinflusst: Zum Beispiel waren Trompeten vor allem militärische Instrumente, deren charakteristische Melodik machtvoll und schmetternd ertönt – oft auch gemeinsam mit Pauken – und sich zunächst vor allem an den Naturtönen der Teiltonreihe orientierte. Ähnlich ist dies beim Horn, das eine zum festen Typus gewordene Rolle als Post- und Jagdhorn spielte.

Da die menschliche Stimme und die Mehrheit der Instrumente aufgrund ihrer Einstimmigkeit die Darstellung jeweils nur einer einzelnen Melodie erlauben, ist auch die einstimmige Melodie in den meisten Fällen dasjenige Ausdruckselement, mit dem der einzelne Musiker – auch innerhalb eines Orchesters – in direkteste Berührung kommt und auf das er unmittelbaren gestalterischen Einfluss nehmen kann. Der ursprüngliche Grundtyp der Melodik findet sich eben gerade nicht in Klavier oder Orgel mit ihrer Vielstimmigkeit und ihrem großen Tonumfang. Vielmehr liegt er in der einstimmigen Gesangslinie, die ihre Begrenzungen im Tonumfang der Stimme und in der Reserve der Atemluft hat. Was der Gesangsstimme physische Anstrengungen abverlangt – etwa besonders zahlreiche und schnelle Tonverbindungen, besonders laute oder ansteigende Tonhöhen –, entspricht übrigens auch den Grundtypen für melodische Spannung und Intensität.

Zur individuellen Melodik der eigenen Gesangs- oder Instrumentalstimme treten immer auch Rhythmus, Formbau, Harmonie und, im Fall des Gesangs, selbstverständlich auch das Wort mitgestaltend hinzu und kommen so weit zur Geltung, wie sie die Darstellung der in der Melodik ausgedrückten musikalischen Idee unterstützen und nicht behindern. Nicht also hat die Melodie eine absolute Vormachtstellung an sich (diese kommt tatsächlich nur selten und verständlicherweise vor allem in einstimmiger Musik vor). Sondern sie ist dasjenige Ausdruckselement, mit dem alle Sänger und die meisten Instrumentalisten in unmittelbarster Verbindung stehen. Aber dies macht die Melodie keineswegs zur alleinigen Trägerin musikalischer Substanz. Aus diesem Grund ist eine wechselseitige Integration aller weiteren musikalischen Parameter und Schichten der musikalischen Gesamtgestalt erforderlich. Diese übrigen Schichten aber haben ihrerseits die Aufgabe, zu ergänzen und nicht etwas zu ersetzen oder zu behindern. Ein typisches und sicheres Anzeichen für Unmusikalität ist es, diese weiteren Schichten entweder gar nicht erst wahrzunehmen oder sie nicht aufeinander beziehen zu können. Eine schlechte musikalische Interpretation liegt demgemäß vor, wenn ein Ungleichgewicht der Schichten gezielt zusammenkonstruiert wird, ganz gleich, welche Gründe oder welche ästhetischen Anschauungen dahinterstehen mögen. Sehr häufig ist im Übrigen die Ursache für eine solche bewusste Vereinheitlichung musikalischer Schichten eine ästhetische Ideologie oder eine pauschale Funktionalisierung von Musik aufseiten der Interpreten (oder, von vornherein, aufseiten des Komponisten). Erst wenn man den Versuch einer musikalischen Darstellung von diesen Dingen – im Sinne der erwähnten Tabula rasa – trennt, schafft man die Grundbedingungen für eine ausbalancierte, wechselseitige Integration der Elemente. Was Sergiu Celibidache in einem etwas anderen Zusammenhang einmal sagte, gilt auch hier:

> „Der schöpferische Akt ist frei von jeder vergangenheits- oder zukunftsbezogenen Konditionierung. Nur sein offenes, spontanes Sich-Verhalten garantiert sein uneingeschränktes Funktionieren. [...] Nur der freie Geist kann die gegensätzlichen

Tendenzen zweier in Konflikt geratener musikalischer Faktoren verfolgen und nur aufgrund des in ihm vorhandenen unauslöschlichen Dranges nach Freiheit hört er weiter auf soviel Unfreies, um die Überwindung des Konfliktes, der ihn mitgerissen hat, zu erleben. Der freie Geist hört, wie Freiheit durch Ausgleich der Opposition erlangt wird."[45]

Daher ist Reduktion der erste eigentliche Schritt in Richtung einer wirklich musikalischen Gestaltungsfähigkeit. Es ist nicht so, dass etwa Ästhetiken keine grundsätzliche Berechtigung hätten. Aber sie können die Unvoreingenommenheit im genuinen, musikalisch schöpferischen Akt erheblich behindern.

Erst durch ein Zusammenhören und gegenseitiges Integrieren der musikalischen Parameter und Einzelelemente, wobei keines übersteigert und keines unterdrückt wird, entsteht in der Folge musikalische Stimmigkeit bei einer gleichzeitig größtmöglichen Intensität der musikalischen Darstellung. Stimmigkeit in diesem Sinne ist aber nichts anderes als stringenter Beziehungsreichtum im Musikalischen, ohne Benachteiligung auch nur eines wichtigen Elements. Die musikalischen Ebenen aller einzelnen Parameter sind sowohl in sich als auch gegenseitig ausgehört und ausproportioniert. Sie dienen der bestmöglichen Darstellung der musikalischen Substanz und fallen in eins zusammen, wodurch sie einander gleichsam überlagern und zugleich auch überhöhen. Nur dadurch entsteht schließlich eine wirkliche Einheit von Melos und Harmonie. Aus diesem Grund definierte Celibidache „Musikalität" einmal ganz richtig als

---

[45] Sergiu Celibidache: *Über musikalische Phänomenologie*, München 2001, S. 47f.

„Korrelationsfähigkeit". Keineswegs ist hier gemeint, dass alle Unterschiede in einer musikalischen Struktur nivelliert werden sollen, sondern vielmehr, dass alle Ebenen zum Zweck der bestmöglichen musikalischen Gestaltung zusammenwirken müssen, ohne einander dabei zu behindern. Selbstverständlich kann eine musikalische Faktur auch hierarchisch sein, etwa, wenn ein einziges Melos das musikalische Geschehen anführt, und sei es auch im kontrapunktischen Kontext. Bruno Walter sprach in diesem Zusammenhang von einer „Hauptlinie":

> „[...] auch das kunstvollste Gewebe der Stimmen ist vom Komponisten niemals anders gemeint als eine organische Einheit – von einem Sinn beherrscht – eine kunstvolle Form der Homophonie, das heißt in jedem Moment ihres Verlaufs kommt doch immer einer der Stimmen eine höhere Bedeutung zu – und sei es auch nur in geringem Maß – als den anderen. Es kann auch nicht anders sein, weil nämlich die Perzeptionsfähigkeit der menschlichen Seele einer unausgeglichenen Vielstimmigkeit nicht gewachsen wäre."[46]

Als interpretatorische Maxime kann man fordern, dass die Hauptlinie (oder auch „Melos") im Zuge einer musikalischen Darstellung immer zur Geltung kommt. Es mag jedoch auch die gegenteilige Sicht legitim erscheinen, dass man sich dieser interpretatorischen Entscheidung bewusst entziehen und mit dem Argument des bewussten Nichtdeutens sowie von Klarheit und Transparenz die Aufgabe an die Wahrnehmung der Zuhörer weitergeben möchte. Vor allem im Kontext besonders ausgearbeiteter kontrapunktischer Situationen

---

[46] Bruno Walter: *Von der Musik und vom Musizieren*, Berlin 1986, S. 71f.

– zum Beispiel bei Kanons, bei gegeneinandergestellten Linien innerhalb herausragender Fugen oder bei bestimmten Doppelthemen (etwa dem Seitenthema des Kopfsatzes von Anton Bruckners vierter Symphonie) – könnte man zu einer solchen Haltung gelangen. Im Einzelfall kann dies gelten, als generalisierte Interpretationsästhetik wäre eine solche Sichtweise allerdings gefährlich.

Denn als Musiker darf ich mich ebenso wenig einer falschen, unauthentischen Darstellung hingeben, wie ich mich umgekehrt auch nicht meiner eigenen Authentizität entziehen darf. Das eine wäre Lüge, das andere wäre hingegen die Verleugnung meiner eigenen künstlerischen Eingebung, sofern sie hervortritt. In gewisser Weise könnte man daher zwischen einer „richtigen" und einer „falschen" Balance unterscheiden: Nur meine individuelle Wahrnehmung kann die Grundlage für eine integrierte musikalische Darstellung bilden, da die wechselseitige Integration aller musikalischen Teilphänomene nicht aus einem distanzierten Standpunkt von außen, sondern nur mittels meines eigenen musikalischen Geistesakts erreicht werden kann. Denn nur dieser begründet überhaupt erst meine Teilhabe an der Musik und befähigt mich zum Reduzieren.

Die ästhetische Forderung einer Beliebigkeit des Hörens, bei der man letzten Endes den Zuhörern überlässt, was sie hören möchten, ist demnach insofern ein Irrtum, als primär nicht die Frage einer Balance oder Nichtbalance von Bedeutung ist, sondern vielmehr das Musizieren gemäß meiner eigenen Wahrnehmung als einzige künstlerisch wirklich verlässliche Kategorie, die ich habe. Meine Aufgabe besteht also darin, die Zuhörer durch mein Musizieren dazu zu veranlassen, auf eine bestimmte Art und Weise zu hören, nämlich genau so, wie sie mir meine eigene Wahrnehmung selbst vorgibt.

Nimmt eine musikalische Darstellung auf solche Weise Gestalt an, handelt es sich dann zwar noch nicht um Musik, aber sie repräsentiert in vielem die bestmögliche klangliche Grundbedingung, unter welcher schließlich – um es erneut mit den Worten Sergiu Celibidaches auszudrücken – überhaupt erst „Musik entstehen" kann. Die Musik selbst aber liegt „hinter" dem Erklingenden, welches ihr, dem Verhältnis zwischen Beseelung und Körper ähnlich, nur gliedhaft untergeordnet, aber nicht mit ihr gleichzusetzen ist: Musik schimmert durch den Klang hindurch und wird gleichsam in ihm und durch ihn geboren.

> Übrigens ist es auch viel leichter, eine Sache geschwind,
> als langsam zu spielen; man kann in Passagen etliche Noten
> im Stiche lassen, ohne daß es Jemand merkt; ist es aber schön?
> (Wolfgang Amadé Mozart)

Tempo

Eine Grundvoraussetzung für Musik ist das richtige Tempo. Dieses ist das Resultat des Zusammenhörens möglichst aller äußeren akustischen und klanglichen Rahmenbedingungen des disponierenden Hintergrunds, in dem das Musikstück erklingt, und der inneren, musikeigenen Bedingungen, die für sich wesentlich mitbestimmend für das Tempo des Musikstücks sind. Zu den äußeren Bedingungen zählen die Raumsituation und ihre akustischen Gegebenheiten wie zum Beispiel Trockenheit, Kälte oder Wärme im Raumklang oder auch der Nachhall, die Hintergrundstille des Raumes, die körperliche sowie die stimmungsmäßige Disposition der ausführenden Musiker und anderes mehr. Ein Tempo ist, trotz aller Metronomangaben und Vorschriften in den Noten, nicht vollständig vorab gegeben, sondern es hat sich erst als ein Resultat von all dem zu ergeben, was das Zusammenwirken aller äußeren und inneren Faktoren erlaubt oder erforderlich macht.

Dass es äußere akustische Rahmenbedingungen für ein richtiges Tempo gibt, leuchtet ein: Jeder Laienchor kennt beispielsweise die Situation, dass die Sängerinnen und Sänger in einem holzvertäfelten, akustisch trockenen Proberaum mittlerer Größe einander gut hören können und somit die Intonation und rhythmische Klarheit der Darbietung profitiert. Allerdings macht so ein Raum es auch schwer, weil seine Akustik keine Fehler duldet, gerade weil man eben jede Unsauberkeit gut bemerken kann. Hat das Ensemble in einer großen Kirche zu singen und ist nicht auf den Hall und den steinig kalten Klang des Raumes vorbereitet, leiden die gegenseitige Hörbarkeit und, als Folge davon, der intonatorische und metrische Zusammenhalt der Gruppe, falls diese darüber hinaus nicht gelernt haben sollte, mit einer derartigen Situation richtig umzugehen. Andererseits verzeiht so ein Raum wiederum kleine Ungenauigkeiten, weil der Klang im Ganzen durch den Hall verwischt. Bekanntlich erfordert eine Umgebung mit starkem Nachhall, zumindest bei raschen Stücken, in der Regel ein Herabsetzen der metrischen Geschwindigkeit, damit eine Klarheit der zu erzeugenden Klanggestalt sichergestellt wird und kein „klanglicher Brei" entsteht. Generell erfordert ein Musizieren in akustisch schlechter Umgebung auch eine höhere Konzentration der Darbietenden. Dies kann ebenfalls eine reduzierte Geschwindigkeit der Ausführung notwendig machen.

Die körperliche Disposition der Beteiligten steuert eine Reihe weiterer Faktoren bei, die man berücksichtigen kann: Die Größe einer individuellen Luftreserve und die jeweilige Atemgeschwindigkeit sind erste grundsätzliche Faktoren, da sie für die Gelegenheit, stets ausreichend Luft zur Verfügung zu haben, wesentlich sind. Eine frühmorgendliche Müdigkeit führt, ebenso wie große Erschöpfung oder ein Mangel an Motivation, zu einer Trägheit, die es deutlich erschwert, das nötige Mindestmaß an Konzentration und performativer Energie aufzubringen. Das Resultat ist, vor allem bei Musikern, die die Töne mit ihrer eigenen Atemluft produzieren, zum einen eine reduzierte körperliche Stütze und damit, bei bestimmten Instrumenten und besonders im Gesang, ein ungünstiger Einfluss auf die Intonationsfähigkeit. Zum andern führt die erwähnte Trägheit zu einer geringeren geistigen Präsenz, zu Automatismus in der Durchführung, zu einer verminderten Genauigkeit der rhythmischen und intonatorischen Präzision (etwa ein „Drücken" der Tonhöhen) und zu einem Verlust an musikalischem Beziehungsreichtum und künstlerischer Tiefe. Ein langsameres Tempo kann hier zwar einerseits ausgleichend wirken, andererseits kann es die Situation auch noch weiter verschlechtern, während ein höheres Tempo auch eine Erhöhung der Konzentration bewirken kann, insbesondere dann, wenn man im Konzertprogramm ohnehin einen besonderen Akzent auf rhythmische Zusammenhänge legt. Umgekehrt sind Aufregung und ein erhöhter Blutdruck typische Faktoren, die mit einer Tendenz zur Erhöhung der Spielgeschwindigkeit und einer mehr „abgehackten" Artikulation einhergehen. Überschnelle und von musikalisch Unempfindlichen als „spritzig" empfundene Interpretationen sind daher meist in ihrem Charakter elektrifiziert, eindimensional und klingen infolge von unproportionierten Überakzentuierungen häufig aggressiv und zornig.

Die inneren klanglichen Bedingungen, die vom Musikwerk selbst ausgehen und das richtige musikalische Tempo vorgeben, bilden wiederum ein Gefüge, das viel mit dem Komplexitätsgrad der Musik und mit „Stimmigkeit in sich" im Sinne einer Ausgewogenheit zu tun hat, hingegen nur wenig mit „Metronomisierung". Eine oft brauchbare Orientierung für eine innere Vorgabe des Tempos in der Musik ist die Frage nach den schnellsten Noten, die als jeweilige Einzelgestalten vollwertige musikalische Ausdrucksträger sind und sich vom Ornament abgrenzen, bei dem mehrere Noten zu einer einzelnen Ausdruckseinheit zusammengefasst sind: Eine Obergrenze des Tempos definiert sich aus der Möglichkeit, diese Noten ohne Hast und mit vollem Ausdruck spielen zu können. In einem Gespräch nannte Furtwängler beispielsweise für den ersten Satz von Beethovens dritter Symphonie (*Eroica*) einmal eine lediglich kurze Stelle in den ersten Violinen aus Achteln und Sechzehnteln (Takte 65–72) als maßgeblich, da sie ganz ohne Hektik ausmusizierbar sein müsse. Hiervon wäre das Grundtempo des ersten Satzes dieser Symphonie abzuleiten. Aus Umständen wie diesem ergibt sich natürlich noch lange nicht endgültig ein richtiges Tempo, aber es sind grundlegende Elemente, die an der Tempobestimmung eines Stückes entscheidenden Anteil haben.

Darüber hinaus ist es naheliegend, dass die Wahl eines „inneren" Spieltempos vor allem von zwei Faktoren abhängt, nämlich einerseits vom Grad der Komplexität und Verständlichkeit des Musikstücks sowie seiner Faktur und andererseits von der musikalischen Denkweise des hauptverantwortlichen Ausführenden, die maßgeblich für dessen Sicht auf die innermusikalischen Zusammenhänge ist. Immerhin erscheinen vielen verschiedenen Interpreten auch unterschiedliche Spieltempi als „stimmig". Der erste Faktor, der das innere Tempo bestimmt, nämlich die Werkkomplexität, begründet sich aus einfachen Zusammenhängen: Wer nur auf ein einziges akustisches Ereignis zu hören braucht, benötigt dazu nicht viel Zeit. Die vollständige Perzeption der Fülle eines differenzierten Klanges innerhalb eines vielschichtigen Gefüges dauert jedoch länger, erst recht, wenn außerdem noch komplizierte Klangverbindungen oder ein kontrapunktisches Stimmengeflecht mit im Spiel sein sollten. Die Grundregel lautet also: Je reicher und komplexer die musikalischen Zusammenhänge sind, desto langsamer muss das Stück sein. Man könnte auch sagen: Je größer die durch die Interpreten wahrgenommene oder dargestellte Beziehungsvielfalt ist, desto langsamer wird das Tempo und desto reicher der Gehalt des Erklingenden. Erst die Atonalität bricht gehäuft mit diesem Grundprinzip, wenn auch nicht vollständig. Auch in der Sprache lässt sich eine geringe Zahl an Informationen in größerer Geschwindigkeit aufnehmen, während ein hoher Gehalt an Informationen eine deutlich höhere Konzentration und ein langsameres Sprechtempo erfordert, wenn es darum gehen soll, die Gesamtheit der dargebrachten Inhalte in ihrer Dichte und in ihrem ganzen Korrelationsgefüge aufzufangen. Sind der Inhalt oder dessen Darstellung dazu noch außergewöhnlich kompliziert, bedarf es einer gewissen Verlangsamung gegenüber dem Normalpuls, damit man alle Informationen ganz aufnehmen kann. Analog forderte bereits Wolfgang Amadé Mozart mit besonderem Blick etwa auf die Fugen Johann Sebastian Bachs, Georg Friedrich Händels und aus seiner eigenen Hand ein langsames Spieltempo, um eine größtmögliche Verständlichkeit und Prägnanz in der Darstellung des ständig neu einsetzenden Themas zu gewährleisten: „wenn eine fuge nicht langsam gespiellt wird, so kann man das eintrettende subiect nicht deutlich und klar ausnehmen, und ist folglich von keiner wirkung."[47] Die Frage der Darstellung einer Vielfalt an musikalischer Information, das heißt eines Geflechts aus musikalischen Beziehungen, ist also zentral, wenn es um das richtige Tempo geht. Dies ist aber erst die Ebene rationaler Perzeptionsmöglichkeit. Die sinnliche Ebene, die eine Verlangsamung ihrerseits fordern kann, nämlich aufgrund des

---

[47] Wolfgang Amadé Mozart in einem Brief an seine Schwester, Wien, 20. April 1782, BD 668.

Dranges, etwa aus Genuss und Schönheitsliebe zu verweilen und auszukosten, ist damit noch gar nicht berücksichtigt.

Die musikalischen Beziehungen erstrecken sich über alle wichtigen Parameter der Musik, einschließlich der Metrik und Rhythmik, der Klanglichkeit und Harmonik, aber auch der Melodik und der Formanlage. Wer nicht imstande ist, die einzelnen Elemente in eins zusammenzuhören, kann auch nicht zum richtigen Tempo finden. Darüber hinaus spielen die Hauptparameter der Musik eine wesentliche Rolle in Bezug auf die Disposition der Musikalität sowohl der Komponisten als auch der Interpreten. Diese Disposition hat ihrerseits einen beiderseitigen Einfluss auf das Tempo, denn selbst bei geringer Musikalität oder musikalischer Bildung ist die Spielgeschwindigkeit eines Ausführenden intuitiv an die Informationsdichte gekoppelt: Als Hörender erwartet man immer einen Mindestgehalt an verständlicher Information innerhalb bestimmter Zeitabschnitte oder empfindet eine Darbietung, sei sie ein Musikstück, eine Märchenerzählung oder ein akademischer Vortrag, andernfalls als „überdehnt" und „langweilig" einerseits oder als „unverständlich" und „überfordernd" andererseits. Die subjektive Wahrnehmung einer nur geringen Informationsdichte durch den Musiker erhöht daher auch die Geschwindigkeit, in der er ein Stück selbst ausführen wird. Andererseits führt die Wahrnehmung einer zu großen Dichte bei Musikern hingegen nur selten in eine Verlangsamung der Spielgeschwindigkeit, sondern sie entscheiden sich häufig eher für den leichteren Weg, nämlich die Informationsdichte im Zuge der Darstellung – etwa durch das Weglassen von Details in der Spielweise – zu reduzieren und damit das Kunstwerk gleichsam „mit dem groben Pinsel" zu malen. Dies kann zum Beispiel dadurch geschehen, dass man den Fokus nur auf eine Auswahl an Parametern legt, die für das „Funktionieren" eines Stückes besonders wesentlich erscheinen, den Rest aber, dessen Verständlichkeit eine besondere Aufmerksamkeit und Präzision erfordern würde, vernachlässigt, nicht etwa, indem man ihn überhaupt nicht spielt, sondern indem man ihn nur irgendwie spielt. Hierzu einige Beispiele:

Das Tempo in einem von einem (metrischen) Rhythmus maßgeblich getragenen Musikstück – sei es aus Sicht des Komponisten oder des Interpreten – ist in der Regel ein vergleichsweise hohes und besteht meist aus einem präzisen, aber in unterschiedlichen Schweregraden pulsierenden Takt, der den Bedingungen für die innerwerkliche musikalische Bewegung einen festen, maßgeblichen Rahmen vorgibt. Innerhalb dieses Rahmens bewegt man sich dann, sei es indem man dem Metrum exakt folgt oder von ihm bewusst leicht abweicht. Musikalische Interpretationen, die den rhythmischen Parameter verabsolutieren, sind in der Regel vergleichsweise rasch, metrisch präzise auf dem Schlag und akzentuiert bis perkussiv. Jemand, der so denkt, wird selbst einen langsamen Schreittanz wie die Sarabande innerhalb einer barocken Suitenkomposition tendenziell schneller spielen als jemand, der sie primär melodisch und harmonisch denkt. Melodische Phrasen werden unter Vorherrschaft rhythmischen Denkens meist non legato, eher non rubato und sehr häufig mit klanglich verkürzten Notenwerten gespielt. Sie werden den zeitlichen Akzenten des Metrums unterworfen und vor allem dann entsprechend auseinandergeteilt, wenn sie die größte metrische Einheit des Stückes (z. B. einen ganzen Takt oder einen Doppeltakt) überschreiten. Ein in die Breite gedachter Beziehungsreichtum ist in einem Stück, das auf Grundlage einer solchen Auffassung dargebracht wird, in den meisten Fällen kaum oder gar nicht vorhanden, weil die Grenzen der Takteinheiten oft nicht überschritten werden.

Dominiert in der Musikauffassung eines Interpreten der Rhythmus und ist dessen Wahrnehmung zugleich eindimensional, dann richtet sich der Fokus seiner Aufmerksamkeit in erster Linie auf den Beginn von Ton- und Klangereignissen, nicht auch auf deren Ende oder auf ihre vorgegebene Gesamtdauer und erst recht nicht auf deren Verhältnis zu den umliegenden Tönen und Klängen: Das undifferenzierte rhythmische Empfinden gibt sich zufrieden, wenn es, dem Händeklatschen ähnlich, zum bloßen Beginn jedes in einem Musikwerk vorgeschriebenen Tones ein einzelnes rhythmisches Ereignis nachstellen kann, an dessen Dauer und Ende es sodann ebenso wenig Aufmerksamkeit verliert wie an dessen innere Klanggestalt. Folglich wird dieses einzelne, punktuelle Klangereignis auch nicht zu anderen klanglichen Ereignissen im Stück in Korrelation gesetzt. Aus einer von solchem Denken beeinflussten Spielweise ergibt sich eine Informations- und Beziehungsarmut, weil kein Klangereignis zum anderen in besondere zeitliche Relation gestellt wird – da diese vermeintlich vom Metrum ohnehin vollständig vorgegeben sei. Es fängt jeweils nur zu einem präzisen Zeitpunkt an und ist darüber hinaus in seiner Dauer nur irgendwie kurz oder etwas weniger kurz, aber nicht innerhalb größerer Zusammenhänge mensuriert. Diese Beziehungsarmut geht im Vergleich zu anderen Musikauffassungen wiederum mit einer automatischen Beschleunigung des Spieltempos einher, da auch die musikalische Informationsdichte eher gering ist. In der westlichen Kunstmusik kommt eine solche Denkweise in erster Linie vom Klavier her (Furtwängler: „Das Klavier ist ein Klopfinstrument!") und, zumindest zum Teil, vom Zupfinstrument sowie von einem Virtuositätsdenken im Sinne der Auffassung: „Wenn diese oder jene Stelle nicht virtuos dargestellt wird, wird das Stück langweilig."

Eine differenzierte Denkweise im Rhythmischen schließt bewusst das Ende eines Tones und Klangereignisses – und somit auch dessen Gesamtdauer – in die musikalische Betrachtung mit ein. Eine solche Perspektive kommt besonders vom Gesang (z. B. aufgrund von Wortendungen mit harten Konsonanten), dem Blasinstrument, der Orgel und dem Cembalo, bei dem der Kiel nach dem Loslassen einer Taste an seine Ausgangsposition zurückfällt und ein hörbares Geräusch erzeugt – und damit ein eigenes Klangereignis. Durch die besondere Einbeziehung des Schlusses von Ton oder Klang in die rhythmische Gestaltung eines musikalischen Werkes wird dieser in seiner Dauer bewusst proportioniert, und zwar in Abhängigkeit vom vorgegebenen Metrum sowie den umliegenden Noten. Der Beziehungsreichtum in der Darstellung des Musikstücks wird auf diese Weise von vornherein verdoppelt, da an jeden produzierten Ton zumindest zwei zeitliche Informationen geknüpft werden, nämlich sein präziser Anfang und sein präzises Ende. Die natürliche Konsequenz dieser größeren Dichte und „Denklast" für alle Ausführenden ist eine spürbare Verringerung des Spieltempos gegenüber der Geschwindigkeit bei einer eindimensionalen Denkweise. Hinzu kommen aber auch eine deutlich genauere rhythmische Ausführung, größere Sicherheit im Tempo und zuletzt eine größere musikalische Befriedigung auf rhythmischer Ebene.

Ein weiterer Schritt im rhythmischen Musizieren ist ein Ausproportionieren der Zeitwerte aller vorkommenden Klangereignisse (und Pausen als Stillemomente) zueinander. Wird dies konsequent umgesetzt, gelangen die zeitlichen Korrelationen innerhalb des Musikstücks auf der Ebene der Einzeltöne zu einer optimalen musikalischen Darstellung. Eine solcherart klare, rhythmisch mehrdimensionale Darbietung hat den großen Vorteil, dass sie sehr oft um eine Reihe von „Mätzchen" bereinigt ist, derer sich Musiker aus mangelnder Bildung oder schlechter Gewohnheit bedienen. Außerdem bewirkt eine solche Art zu musizieren in einem Ensemble eine deutliche Steigerung der Präzision im Zusammenspiel. Daher ist sie zum Üben sowie zum Formen und Erziehen eines Ensembles gut geeignet. Zwar entsteht durch eine trockene, vielschichtig rhythmische Darbietung noch lange kein künstlerisch hochwertiges Musikstück, ja noch nicht einmal notwendigerweise etwas Lebendiges oder Organisches, aber immerhin ein vielschichtiges zeitlich-mechanisches Gefüge, das zunächst zum unverfälschten Behältnis für die übrigen Schichten der musikalischen Darbietung werden kann.

Eine weitere Stufe, die auf rein rhythmischer Ebene überhaupt tempobestimmend wird, wird erreicht, wenn die beiden entgegengesetzten metrischen Einheiten – nämlich die größte und die kleinste – zusammenfallen. Das ist in der Regel der Ganztakt oder Doppeltakt auf der einen Seite und der Puls der kürzesten informationstragenden Einzelwerte auf der anderen. Das Raster dieser kleinsten metrischen Einheiten wird, wie oben bereits erwähnt, im Übrigen nur mehr vom Ornament unterschritten. Mit einem Zusammenfall beider gegensätzlicher metrischer Einheiten ist gemeint, dass in der musikalischen Wahrnehmung eine Überlappung zwischen den größten (den unterteilten) und kleinsten (den multiplizierten) zeitlichen Hauptwerten entsteht, die eine Gleichzeitigkeit der Wahrnehmung zeitlicher Schichten im Musikstück hervorruft und diese zu einer Einheit verschmelzt. Das hieraus gebildete Spieltempo ist unter den von allen rhythmischen Denkweisen hervorgebrachte in der Regel das vergleichsweise langsamste, weil es vom größtmöglichen musikalischen Beziehungsreichtum in der rein zeitlichen Organisation ausgeht. Damit ist es aber auch das optimale, weil es einer vielschichtigen Transparenz und Deutungsvielheit gegenüber einer einseitig konkreten, aber daher umso platteren und aufgezwungenen Darstellung den Vorzug gibt. Eben darum ist es auch das schwierigste, weil alle rhythmischen Parameter zusammengehört werden und die Langsamkeit auch nur dann musikalisch sinnvoll, nämlich mit Spannung, zu bewältigen ist.

> Entspannung und Spannung stehen zueinander in engster Wechselbeziehung. Je ruhevoller, je vollständiger die Entspannung, desto gewaltiger die Spannungen, die auf ihrem Grund möglich werden. Jedes große tonale Musikwerk strömt, bei aller Erregung, die bis an die Grenze des für Menschen Fasslichen getrieben sein kann, eine tiefe und unerschütterliche Ruhe aus, die alles und jedes durchdringt – wie eine Erinnerung an die Majestät Gottes.
> (Wilhelm Furtwängler)

Bewegung und klangliche Zeitlosigkeit

Es leuchtet nicht sehr leicht ein, dass Rhythmus und zeitliche Organisation zunächst nichts mit Fortbewegung im Sinne einer Bewegungstendenz zu tun haben. Rhythmus ist eigentlich etwas Statisches und besitzt für sich keinen eigenen, grundlegenden Bewegungsimpuls. Das mechanische Setzen der Akzente „schwer – leicht – leicht" im Walzer schafft keine Fortbewegung, sondern zunächst lediglich triviale Organisation. Erst der Impuls zur Bewegung, der aber nicht aus dem Rhythmus kommt, sondern überwiegend aus der Melodik und teilweise der Harmonik, hebt die rhythmische Starrheit im Musikwerk auf. Dieser Impuls schafft eine wesentlich feinere Ausdifferenzierung, gewichtet alle zeitlichen Elemente jeweils unterschiedlich und bringt sie so in wechselseitige Beziehung, damit eine Gerichtetheit entsteht: Wird zum Beispiel ein Dreivierteltakt mit Achteln ausgefüllt, definiert ein hinzutretendes Bewegungsmoment die zeitlichen Positionen derart stark, dass sich jedes dieser Achtel in der Nuancierung von den anderen unterscheidet und durch keine andere mehr ausgetauscht werden könnte. Bewegung ist dabei auch eine vom Tempo ganz unabhängig bestehende Kategorie.

Ganz elementar gesehen gibt es in der Musik zwei grundsätzliche Formen von Bewegung: Von etwas weg und auf etwas zu. Stoße ich auf einer ebenen Fläche eine Kugel an, so gerät diese in eine Bewegung, die von dem Stoßpunkt wegführt. Die Bewegung der Kugel setzt unmittelbar und nicht erst durch allmähliche Beschleunigung ein, da der gesamte Bewegungsimpuls zu Beginn vollständig da ist. Stellen wir uns aber die rollende Kugel auf einer leicht schrägen Rampe vor, an deren unteren Ende eine Auffangmulde angebracht ist, so führt ihre Fortbewegung sie auf direktem Weg nach unten und ohne selbstständiges Abbremsen in die Ruheposition an ihrem Ziel. Zwar ist diese Illustration äußerst banal, zum Verständlichmachen des grundlegenden musikalischen Bewegungsimpulses ist sie dennoch bestens geeignet: Bewegung hat in der Musik immer zumindest einen Bezugspunkt, nämlich einen Start oder ein Ende, und kennt unmittelbar davor oder danach kein Innehalten aus eigenem Antrieb. Ein selbstständiges Abbremsen müsste folglich begründbar sein.

Der Archetyp des melodischen Bewegungsimpulses in der Musik verbirgt sich in der fließend deklamierten Sprache mit natürlichen Betonungen, Dehnungen, Beschleunigungen und Verlangsamungen. Weitaus nicht allein der gregorianische Choral hat die Sprachbewegung zur Grundlage der gesungenen Melodiebewegung gemacht, er ist jedoch das heute bekannteste unter den historisch älteren Beispielen. Sehen wir uns heute etwa aus Franz Schuberts *Winterreise* den zum Volkslied gewordenen „Lindenbaum" an, so legt das deklamierte Aussprechen der ersten Verszeile („Am Brunnen vor dem Tore") die Hervorhebung der je ersten Silben der beiden Substantive „Brunnen" und „Tore" nahe. Schubert unterstreicht sie beide und wählt, analog zur Aussprache des Textes, „Tore" als das Ziel der melodischen Bewegung, während er den „Brunnen" lediglich durch eine leichte Dehnung der ersten Wortsilbe hervorhebt, ohne sie durch einen Akzent zu gewichten: Betonung und Akzent sind überhaupt zwei grundverschiedene Dinge. Das Innehalten aufgrund der Dehnung gleich zu Beginn bewirkt weiterhin die Erwartung eines Bewegungsziels, das bei „Tore" erreicht wird. Falsch im Sinne der Bewegung wäre hingegen eine Dehnung des allerersten Wortes „Am", da der Impuls hier erst startet und zunächst einmal ungebremst vorhanden ist. Nur durch ein korrekt ausgeführtes, metrisch sauberes „Am" kann im „Brun-" die richtige Erwartungshaltung gegenüber dem Bewegungsziel „Tore" gebildet werden, und das rhythmisch korrekte Setzen des Konsonanten „n" unterstützt sie.

Wird auf Grundlage der komponierten Notenwerte der hier kurz skizzierte, im Text liegende Sprachfluss auf den Gesang übertragen, findet der melodische Ausdruck bald eine brauchbare Darstellung. Ganz ähnlich verliefe die Umsetzung beispielsweise in Robert Schumanns „Im wunderschönen Monat Mai" (wo sich etwa ein Akzent auf der Silbe „-schön-" verbietet) oder auch in „Aller Augen warten auf dich, Herre" von Heinrich Schütz, wo man gut die Impulse und Betonungen erkennen kann, sobald man sich von falschen Akzentuierungen löst: Das natürliche Deklamieren des zugrunde liegenden Textes offenbart die richtige Melodiebewegung.

Im größtmöglichen Gegensatz zur rhythmisch und metrisch gebundenen Bewegung und ihren Impulsen steht das harmonisch-klangliche, stabile Ruhemoment mit seiner Zeitlosigkeit innerhalb des Jetzt-Empfindens. Der ausdrückliche

Schönklang ist als ästhetische Maxime in der Musik heute vielfach abhandengekommen. Dies betrifft einerseits den Akkord und alle ihm entgegengebrachte Sinnlichkeit, andererseits den Instrumentalton, etwa einer Violine oder einer Stimme, der heute oft nur mehr technisch gesehen wird und erschreckend häufig weder organisches Leben noch „Persönlichkeit" besitzt. Haucht nicht der Musiker auch dem bloßen Ton seinen aus der schöpferischen Persönlichkeit kommenden, lebendigen Feueratem ein, so bleibt auch der Klang tot.

Bei aller schlechten Aufnahmequalität der teils bis zu einhundert und mehr Jahre alten Toneinspielungen von Joseph Joachim, Fritz Kreisler, Pablo Casals, Heinrich Schlusnus und anderen hört man einen aus der individuellen Künstlerpersönlichkeit kommenden musikalischen Klang, gegen den fast jede moderne Live-Darbietung oder Aufnahme, ganz gleich, mit welcher technischen Qualität und Perfektion diese produziert sein mag, künstlerisch verblasst. Furtwängler sagte in einem Gespräch einmal über Fritz Kreisler, dass es egal sei, auf welcher Violine dieser spiele, und sei es „auf irgendeiner Holzkiste, dann ist es trotzdem plötzlich Kreisler". Ein wirklich lebendiger musikalischer Klang vermag es, innerhalb einer halben Sekunde die ganze Welt zu verwandeln und in ein anderes Licht zu hüllen. Ein musikalisch guter, lebendiger Ton ist für manche Menschen regelrecht körperlich spürbar, etwa als warmes, entspannendes Gefühl in der Magenregion oder, bildlich beschrieben, einem zarten, kühlenden Regenschauer im Sommer ähnlich. Heute aber ist nicht nur ein solches Hören und sinnliches Klangerleben weitgehend vergessen, sondern auch die Kraft, die ihm entströmen kann, noch bevor auch nur ein Augenblick von Musik aufgekommen ist. Es mag kaum einen solch unwiderlegbaren Beweis für das Abhandenkommen musikalischer Hochkultur geben als den Verlust wirklich lebendiger Klanglichkeit und Klangindividualität im allgemeinen Kunstbetrieb.

Wenn der richtige und vielschichtige Rhythmus das Skelett der Musik ist, dann entspricht ein abgerundeter, organischer Klang ihrem Atem. Klang kann wie etwas Lebendiges wirken und gerade deshalb auch ungemein facettenreich. Von „Klang" spricht man sowohl im Zusammenhang mit einem intensiven, lebendigen und charakteristischen Instrumentalton (oder Vokalton) eines einzelnen Musikers oder Ensembles als auch im Zusammenhang mit einem komponierten Klang im Sinne eines Akkords oder einer Klangfarbe. Innerhalb eines kürzesten Moments lässt sich hören, ob ein Klang wirklich lebt, gleichsam als „Klang" überhaupt wirklich da ist, oder ob die durch ihn repräsentierte musikalische Gestalt nur als eine tote Hülle in karge Sinneserscheinung tritt. Insbesondere der Ensembleklang ist für einen tief hörenden Musiker etwas eigentlich Einzigartiges. Einen authentischen, lebendigen Klang zu erzeugen, ist heute längst zur Seltenheit geworden. Eine jahrzehntealte, verrauschte Aufnahme kann daher heute eine weitaus größere Intensität haben als das Livekonzert eines weltbekannten Orchesters, das man vom besten Platz des Saales aus mitverfolgt. Mit echtem Klangempfinden ist infolge seines Jetztseins meist das Empfinden von Ruhe und Zeitlosigkeit verbunden, wenngleich Klang in seiner Gestalt eine eigene Zeitlichkeit und einen subtilen inneren Entwicklungsbogen besitzt. Einen Ton, der nur statisch festgehalten wird, weil er vielleicht mit verkrampfter Körperspannung erzeugt wird und daher keinen eigenen Atem hat, empfindet man nur selten als guten „Klang" im musikalischen Sinn. Das Empfinden von Zeitlosigkeit im Klang hat weniger mit der Klanggestalt, sondern eher mit dem Verweilen „in" ihm zu tun und mit dem Verlust von musikalischem Fortbewegungsstreben. Ein vollkommener musikalischer Klang kann einen derart starken Sog auf das Empfinden ausüben, dass der Wunsch zu verweilen das Tempo insgesamt beeinflusst. Außergewöhnlich klangsinnliche Musik beziehungsweise Musikwahrnehmung geht daher häufig mit einem geringen Tempo bei zugleich verstärkter Intensität einher. Hier ist weniger eine größere Informationsdichte in der Darstellung die primäre Ursache als vielmehr der tiefe sinnliche Genuss. Rein melodisches Tempo kann, je nach der Intensität des Zuges in der Vorwärtsbewegung, zwischen einer langsamen und moderaten Geschwindigkeit variieren, ohne dass die Darstellung ihrer Gestalt leiden muss. Rein klangliches oder harmonisches Tempo ist demgegenüber hingegen ein tendenziell langsameres. Denn das klanglich-harmonische Hören führt in die stabile Zeitlosigkeit der für sich bewegungslosen Gegenwart. Es setzt den Fokus auf die Klangwahrnehmung im gegenwärtigen Augenblick und auf den Klang mit all seinem inneren Beziehungsreichtum. Dies kann in Konflikt mit dem zeitlichen Relationsgefüge zum Vorher und Nachher treten. Geht im Rahmen eines solchen Konflikts zwischen Zeitlichkeit von Bewegung und Unzeitlichkeit von Klang die Balance zugunsten des Klanges verloren, zerfällt das Stück.

Aufbauend auf das Gesagte sollen noch ein paar Worte über die Klangverbindung hinzugefügt werden. Diese kennt eine eigene Bewegung. Eine musikalische Interpretation, die den harmonischen Zug ignoriert oder ihm zuwiderläuft, ist bestenfalls schlecht, meist ist sie jedoch schlicht falsch. Die Bewegungstendenzen im Klanglichen sind von der Komplexität der Harmonik abhängig ebenso wie vom Facettenreichtum ihrer Unterschiede. Ein rasches Tempo wird durch starke und leicht aufzufassende harmonische Unterschiede ermöglicht. Eine Musik, die vorwiegend auf den kadenziellen Stufen der Tonika und Dominante basiert, verträgt, aus harmonischer Perspektive, ein hohes Tempo. Umgekehrt sind auch viele Scherzi und rasche Tänze harmonisch einfach gebaut und basieren eher auf starken harmonischen Kontrasten, weniger aber auf deren Nuacenreichtum.

Eine komplexe und vielgestaltige Harmonik erfordert hingegen ein verhältnismäßig geringeres Tempo, damit auch die unterschiedlichen Facetten vollständig erfasst werden können. Das kadenzielle Denken ist aber auch hier maßgeblich: In der musikalischen Kadenz (bzw. im Ganzschluss) liegt der Fokus grundsätzlich nicht auf dem Spannungsabbau bei der Fortschreitung zur Grundstufe, er liegt vielmehr auf dem Spannungsaufbau in einer dominantischen Gestalt. Dies mag zunächst überraschen, ist aber naheliegend, denn der Ruhezustand ist nicht von sich aus von vornherein bestimmt, sondern er wird erst definiert durch den entgegengesetzten, relativen Unruhezustand. Daher ist auch der Spannungsaufbau das aktive Moment in der Musik, das die harmonische Bewegungstendenz mit sich führt. Der Spannungsabbau, der zurück in einen zumindest graduell geringeren Unruhezustand führt, ist in seinem Bewegungsablauf von der Erwartung des Erreichens von Entspannung bestimmt, ihr Erreichen erzeugt Befriedigung und Schönheitsempfinden. Für sich genommen bewirkt die Entspannung aber auch einen Verlust der melodischen Bewegungstendenz, eben weil die Bewegung ihr Ziel erreicht und zur Ruhe kommt.

In der Musik ist es daher relevant, mit dieser Erwartungshaltung gegenüber dem Erreichen der Entspannungssituation zu spielen. Wenig interessant ist es, den Spannungsabbau möglichst rasch herbeizuführen. Daher spielt auch die Ausgestaltung der Dominante in der Kunstmusik eine ungleich größere Rolle als die Gestaltung der Tonika. Und daher heißt in der Harmonik die Spannungssituation eben auch „Dominante" („Beherrscherin"), weil sie gegenüber dem Ruhezustand die Opposition ist, die ihn erst definiert.

Die Vielfalt harmonischer Spannungssituationen spielt sich auch weit jenseits der bloßen Extreme Tonika und Dominante oder auch der oft impulsgebenden Subdominante ab, insbesondere in komplizierterer Musik, wo sich ein großer Nuancenreichtum offenbart. Wollte man „Tonalität" im weitestmöglichen Sinn definieren, dann könnte man sie bezeichnen als ein Milieu von Intervallbeziehungen, in dem ein facettenreiches Spektrum von harmonischen und melodischen Spannungs- und Entspannungssituationen in möglichst vielen Abstufungen zur Geltung kommen kann. Nicht etwa geht es in Tonalität also primär um einen Einzelton oder Einzelakkord, der gleichsam als musikalisches Zentralgestirn fungiert, sondern es geht bei ihr, ganz allgemein, um die natürliche Empfindbarkeit gradueller Abstufungen von Spannungssituationen, die als stimmig und „logisch" wahrgenommen werden und Bewegungsimpulse in der Musik erzeugen. Ausgehend von diesem Versuch einer Definition wird rasch deutlich, dass wir in unserer abendländischen Geschichte der Kunstmusik es bereits mit vielen verschiedenen Formen von Tonalität zu tun hatten – und eben nicht mit einer einzigen, die um 1909 durch eine Atonalität ein für alle Mal abgeschafft worden wäre.

Harmonische Bewegungstendenz hat eine charakteristische Eigenschaft, nämlich eine mehr oder minder natürliche Bindung auch an Lautstärkeunterschiede im Rahmen der Phrasierung. Wenngleich es allzu einfach wäre, sich mit dem Grundsatz zu begnügen, dass Spannungsaufbau immer mit einer Steigerung der Lautstärke und Spannungsabbau mit einer Abnahme von Lautstärke einhergehen müsse, leuchtet ein, dass der Spannungsverlauf in der menschlichen Atmung im Sinne eines Auf und Ab ein Archetyp für musikalische Gestik und Form und ebenfalls für harmonische Bewegungsabläufe ist – ähnlich wie im Übrigen auch der Herzschlag ein Archetyp der rhythmischen Gestik ist. Aus der engen Bindung zwischen Spannung und Entspannung und analogen Änderungen in der Lautstärke folgt zwar nicht, dass jede Melodie und Harmoniebewegung immer leise beginnen, anschwellen und leise ausklingen müssen oder dass sich solcherlei Lautstärkenunterschiede überhaupt hörbar äußern sollten. Dies wäre naiv und würde der Vielfalt in der musikalischen Kunst nicht gerecht werden. Allerdings hat sich der Grundsatz als vergleichsweise allgemeingültig gehalten, dass Spannungs- und Melodiebögen bei ihrer Entspannung am Ende in einem abphrasierenden Decrescendo ausklingen.

Aus der Analogie zwischen dem Aufbau und Abbau von Spannungskraft beziehungsweise musikalischer Lautstärke hat sich noch eine weitere Grundregel gehalten, die vielen Musikern weitaus weniger häufig bewusst ist, nämlich die Notwendigkeit, Crescendi und Decrescendi hinsichtlich der musikalischen Spannung und Bewegung immer bewusst zu führen. Tatsächlich kennt die Geschichte unserer europäischen Kunstmusik kaum ein Crescendo oder Decrescendo, das nicht bewusst geführt gehört. Ein nicht geführtes Crescendo klingt meist leidenschaftslos und unnatürlich, ein nicht geführtes Decrescendo wirkt hingegen unmotiviert und schlaff. Einer der größten Meister des allmählichen Spannungsaufbaus in der Musikgeschichte war bekanntlich Anton Bruckner. Kaum ein Komponist hat eine ähnliche Spannungsintensität erreicht wie Bruckner in seinen großen, teils minutenlangen Bögen, etwa in den Coda-Abschnitten der Finalsätze der vierten und achten Symphonie.

Eine weitere Besonderheit von Klang ist die Individualität, für die er stehen kann. Viele große Komponisten haben ihren eigenen, ganz charakteristischen Klang, gewissermaßen ein individuelles poetisches Kolorit in ihrer Musik, das auf der Empfindungsebene zum Vorschein kommt: Bruckner hat seinen eigenen Klang, ebenso wie ihn Brahms, Beethoven und natürlich auch Mozart jeweils für sich haben. Eine Melodie im Stil von Mozart oder Schubert nachzukomponieren, ist nicht leicht, aber es ist im Rahmen einer sogenannten „Stilkopie" möglich. Den individuellen Klangcharakter mit aller Empfindungstiefe zu treffen, wie ihn etwa das „Laudate Dominum" Mozarts oder die Impromptus Schuberts aufweisen, ist hingegen nahezu unmöglich. Ein guter Musiker ist auch in der Lage, an den entsprechenden Stellen eines Musikstücks innerhalb von Sekundenbruchteilen zu erkennen, ob dieser jeweilige, individuelle Klangcharakter des Komponisten erreicht ist oder nicht. Wo dies nicht der Fall ist, wenn also gleichsam „Mozart nicht nach Mozart klingt", empfindet man eine Darbietung als schlecht, ja belanglos. Zwar wird dann Mozart, Schubert oder Bruckner gespielt, aber dennoch „ist" es eben nicht Mozart, Schubert oder Bruckner, weil deren charakteristischer poetischer Klang nicht erreicht wird. Manchmal kann die Verunstaltung beinahe bis in die Unkenntlichkeit führen.

Musik entsteht immer nur im Rahmen des positiven Zusammenspiels vieler Bedingungen, die erfüllt sein müssen. Zu diesen Bedingungen zählen im Bereich der europäischen Kunstmusik also beispielsweise eine geführte Melodik als Zeitfaktor; ein lebendiger Klang, sozusagen als Element der „Nichtzeitlichkeit"; ein richtiges Tempo, das der Melodik ebenso wie dem Klang und dem Klangcharakter eine maximale Entfaltung ermöglicht; oder auch eine Rhythmik, die sowohl der Melodik und Phrasierung dient als auch das Tempo mitsteuert. Dabei gilt, dass eine richtige, mehrdimensionale Rhythmik, die ein musikalisches Werk über rein metrische Fragen hinaus durchdringt und die melodische Phrasierung lebendig macht, ein tendenziell langsameres Tempo bewirkt als eine eindimensionale. Wer dies begreift, erkennt auch, dass in gemäßigten Tempi eine größere, vom Gesamtklang kommende Spannung und Intensität möglich ist als in raschen.

> Das Zusammenschließen der Differenzen,
> das Eliminieren jeder Form von Dualität,
> ist die einzige mögliche Leistung unseres
> Geistes. Folglich muss er jede Vielfalt zu
> einem ihm als geschlossen erscheinenden
> Faktum zusammenschließen.
>
> (Sergiu Celibidache)

Reduzieren

Hinter all diesen am Ende vielleicht auch nicht durchweg leicht zu begreifenden Ausführungen über einige musikalische Grundlagen stecken nicht nur die Postulate von Offenheit im Zugang zum Werk und Klarheit wie Natürlichkeit in der Darstellung, sondern auch ein in der Musik ebenso zentraler wie vielschichtiger Begriff, nämlich die „Reduktion": Reduktion ist die Befreiung der Substanz durch den Verzicht auf alles Überflüssige. Man lässt zunächst einmal alles weg, was an inneren und äußeren Veränderungen dem unmittelbaren Wirkenkönnen von Musik entgegentreten könnte.

Der erste Teil dieser Schrift befasst sich vor allem mit der „inneren Reduktion" im menschlichen Geist, mit dem Weglassen von hinderlichen Gedanken und Konzepten, damit die direkte, unmittelbare Verbindung mit der geistig-seelischen Ebene gewährleistet sein kann. Der zweite Teil versucht, aus dieser inneren Reduktion einige Konsequenzen „nach außen" zu ziehen, nämlich in die Anfangsgründe der Musik und des Musizierens. Auch hier gilt der zunächst unverfälschte Zugang als wesentlich, unter Wahrung und Beachtung aller musikalischen Faktoren und Parameter. Die im eigenen Inneren geschaffenen Voraussetzungen sollen helfen, bezüglich der Musik eine Haltung zu finden, bei der die vielfältigen musikalischen Elemente als natürliche Einheit wahrgenommen werden können. Ihre Vielfalt gilt es zusammenzuführen und in eine konsistente Klanggestalt zu integrieren – Sergiu Celibidache sprach in diesem Zusammenhang von „Reduktion" –, nicht nur unter Wahrung der Verbindung nach innen, sondern vielmehr mittels dieser Verbindung aus dem Inneren heraus. Durch eine solche Herangehensweise wird die wiederholt geäußerte Gefahr vermindert, dass man – innerlich wie äußerlich – der Musik etwas von außen Kommendes überstülpt und sie so weit verändert, dass sie, auch im eigenen Inneren, nur mehr oberflächlich wirken kann, aber nicht mehr vollständig aus einem inneren Gefühltwerden heraus. Musik kennt kaum eine größere Bedrohung als den Zwang zur Festschreibung einer konkreten Klanggestalt, die nicht aus dem jeweiligen Werk selbst kommt, sondern von außen, und die das unverfälschte Berührtwerden nicht zulässt.

Für Interpreten folgt hieraus im Übrigen die Grundregel, dass wirkliche Originalität in der Musik immer aus einer inneren Vertrautheit mit dem Musikstück kommen muss, nicht aus der Haltung, man müsse ein Stück anders spielen, weil etwa dieser oder jener andere Künstler es so oder so gespielt habe. „Originalität" bedeutet nicht „Neuheit der Gestalt", sondern eigentlich „Tiefe des Erlebens", weil nur aus dieser eine originäre, überzeugende Klanggestalt von innen heraus aus der schöpferischen Persönlichkeit entstehen kann. Folglich kann auch beim Komponisten ein neues Werk, das nicht wirklich von innen her erlebt ist, nicht originell sein, sondern höchstens intelligent. Umgekehrt ist, beim Komponisten wie beim Interpreten, ein „alter Hut", der authentisch erlebt wird, als Kunst immer bedeutender als eine nicht aus innerem Erleben geschaffene Novität.

An anderer Stelle wurde bereits gesagt: Ein Wachsen und Reifen in Musik kann immer nur mit einer Zunahme des Fühlens, Erlebens, Liebens und sich Auslieferns an musikalische Kunstwerke einhergehen. Aus diesem Grund kann ein falscher Fortschritt auch in die Verkümmerung führen, nämlich dann, wenn er dieses Wachsen und Reifen nicht fördert. Im Wesentlichen verbergen sich hinter diesen Aussagen zwei entscheidende Prinzipien der Kunst. Das eine lautet: Nur innerlich aktiv durchlebte Musik kann auch Kunstwerk sein. Das zweite folgt aus dem ersten: Wo dies nicht der Fall ist, kann ein von außen kommendes Konzept dem Werk nicht nur nichts geben, sondern es setzt ihm eine Maske auf, knechtet, deformiert und verunstaltet es. Dadurch gewinnt das Spiel aber künstlerisch nicht an Bedeutung.

Was die Musik neben der Indolenz, bei der ich gar nicht erst offen zu werden imstande bin, am sichersten tötet, ist eine Ideologie, die einen generalisierten Ansatz von Kunstverständnis bietet und ein Spiel ohne die Notwendigkeit der inneren Auseinandersetzung zulässt: Den Herausforderungen der Musik an die künstlerische Mündigkeit des Musikers wird in diesem Fall dadurch begegnet, dass man zur Vermeidung von Unsicherheit, Ambiguität und Widersprüchlichkeit des von innen kommenden schöpferischen Aktes, sei er nun neuschöpferisch oder nachschöpferisch, die Sicherheit und Geschlossenheit eines meist klar umgrenzten Konzepts oder eines musikalischen Szientismus anbietet, dessen Inhalte, ganz gleich welcher Art, als absolutes und nicht hinterfragtes Fundament für musikalische und interpretatorische Prozesse hochgehalten werden. Eine solche Geisteshaltung ist im Grunde nichts anderes als ein musikalischer Fundamentalismus, mit dem es sich ganz ähnlich verhält wie mit Fundamentalismen religiöser oder politischer Ausprägung: Er ist – in der Musik – eine Flucht vor der inneren Auseinandersetzung mit dem Kunstwerk mit dem Ziel, der Aufgabe, hierbei mündig, verantwortungsvoll und frei zu sein, zu entkommen und stattdessen einen rasch abrufbaren Überblick sowie Klarheit für die eigene Sicht zu erhalten. Die Unsicherheit gegenüber dem Durchleben des Werkes und seiner hieraus entstehenden Darstellung, die nur durch einen intensiven Wachstums- und Reifeprozess wirklich abgebaut werden kann, wird durch einen leicht zu erwerbenden, klar umgrenzten Scharfblick auf äußere Konturen ersetzt, der ein Gefühl von Berufensein erzeugt, diese eine Sichtweise ausschließlich zu vertreten und mit allen Mitteln durchzusetzen. Diese Perspektive ist jedoch fast immer eine oberflächliche und stets eine künstlerisch verarmte, weil ihr ein unverbautes Sicheinlassen und Betroffenwerden fehlen. Die aus dem Werk und seinem inneren Erleben kommende Ausdrucksnotwendigkeit weicht dem künstlichen, von außen kommenden Konzept, das in jedem Ton des Musikstücks durchklingt. Dabei wird die eigentliche Auseinandersetzung mit dem einzelnen Kunstwerk letztendlich aber auch bedeutungslos, da das Hineinholen der musikalischen Substanz des Werkes in die reale, klingende Welt ohnehin durch die Illustration des Systems ersetzt ist. Das dargebotene Stück wird somit zur Aussage von gar nichts. Denn die Musik wird nicht innerlich erfahren oder erlitten, sondern die Töne und Tonbeziehungen werden zum Anwendungsobjekt für veräußerlichte Konturierung.

Hierin besteht das größte Problem einer falschen, ideologisierten Spielpraxis, derer es im Übrigen viele gibt, auch unbewusste. Ihr zweitgrößtes Problem ist der Zorn, der mit jenem Gefühl von falscher Berufung häufig einhergeht und auch in der Musik als ein Getriebensein heraushörbar werden kann, mit dem sich heutzutage einige Stars gekonnt als

„genial" und „künstlerisch" verkaufen, obgleich es sich in Wahrheit um nichts anderes handelt als um substanzlos dilettierende Hohlheit. Wahrer Antrieb zur Musik sind Liebe und Sehnsucht, nicht Zorn. Besser ist es in der Musik, möglichst ohne Zorn und Zwietracht zu leben und ohne diese zu musizieren, selbst wenn der Preis darin bestünde, seinen Grundhaltungen vollständig zu entsagen.

Generell verbergen sich hinter falschen musikalischen Ideologien meist zwei Zwänge, die in der Musik die Verbindung nach innen und zum musikalischen Erleben blockieren: Zum einen ist es der Zwang eines „So-nicht-sein-Dürfens", der alles der ideologischen Sichtweise Fremde, selbst den natürlichen, unverfälschten Grundzustand von Musik, als falsch ablehnt. Zum anderen ist es der Zwang eines von außen kommenden „So-sein-Müssens", der eine mehr oder minder eindeutige, vorab konstruierte Zielvorstellung vorgibt, mit welcher man einzelne Musikwerke wie mit einer Walze überrollt und standardisierte Produktionen erzeugt.

In der ersten Hälfte des 21. Jahrhundert leben wir in einer Zeit, die von beliebig wiederholbaren, massenhaften Durchschnittsproduktionen von Kunst dominiert wird, welche der Unterhaltung und Zerstreuung dienen. Woran aber erkennt man die eklatante Mittelmäßigkeit dieses oft hochprofessionellen, sich selbst genügenden Durchschnitts? Man erkennt sie am hohen Grad der Austauschbarkeit und fehlenden Einmaligkeit. Die Probleme und Krisen der Kunst der vergangenen eineinhalb Jahrhunderte haben wir nicht erfolgreich bekämpft und schon gar nicht überwunden, wir haben uns bloß an sie gewöhnt. Dies hat die Entstehung von standardisierten Musikprodukten für die Masse weiter enthemmt und die Dynamik von technisierter, künstlerischer Beliebigkeit einerseits und Indolenz gegenüber dem Klang andererseits bis über die Grenze der allgemeinen Unumkehrbarkeit hinaus verstärkt. Das Ergebnis war keine Adoleszenz und auch kein künstlerischer Sündenfall, sondern ein beispielloser geistiger und kultureller Zusammenbruch, der zu jenem voranschreitenden Verlust von künstlerischer Identität, Originalität und innerer Verwurzelung führte, mit dem wir heute leben und den man zugleich als modern und zukunftsweisend feiert, da man das Urschöpferische, originär Künstlerische als veraltet und als historisch wie politisch nicht korrekt verdächtigt.

Auf der anderen Seite ist indessen die bestürzende Tatsache unbestreitbar, dass eine überzogene, expressive Art zu spielen der Passivität, der emotionalen Trägheit und kulturellen Unempfindlichkeit unserer heutigen Generationen im Angesicht von Kunst eher etwas entgegenzuhalten imstande ist als eine maßvollere, aus dem Inneren kommende Spielweise, die eine höhere Sensibilität des Hörens erfordert, wie sie heute kaum mehr erbracht wird, weder von der Allgemeinheit noch von einer Mehrheit der Fachleute. Man könnte diese Übertriebenheit gar als grotesken, zeitgenössischen Versuch würdigen, dem Publikum mit seiner stark erhöhten geistigen Reizschwelle eben stark überzogene Reize zu bieten, damit es aus seiner seelischen wie kulturellen Lethargie zumindest für eine kurze Zeit erwacht. Dadurch wird das Phänomen aber weder richtiger noch besser. Wer nur überwürzte Mahlzeiten gewohnt ist, nichts anderes kennt, erwartet und wünscht als den extremen Sinnesreiz, wird mit einem subtil abgeschmeckten, fein ausgewogenen Gourmetmenü wohl kaum einen angemessenen Genuss erleben können und enttäuscht sein, da der gewohnte überzogene Reiz ausbleibt. Wir haben in der Musik nicht eine alte, mutmaßlich antiquiert-romantische Grundhaltung überwunden, sondern wir haben in Wahrheit unsere jahrhundertelang in allen Facetten und Ausprägungen gelebte, vervollkommnete musikalische Geistestradition abgetötet und uns selbst eines unserer eminentesten kulturellen Fundamente beraubt. Wir haben das innere Gefühl und unsere Fähigkeit zum musikalischen Feinsinn verkümmern lassen.

Die Wirklichkeit der Musik liegt in der inneren Erfahrung und nur dort. Doch obgleich diese musikalische Wirklichkeit immer da ist und uns stets gleichermaßen greifbar ist, scheint sie heute verborgener zu sein als je zuvor. Denn ihr Geheimnis liegt darin, dass es niemals genügt, ihre mutmaßliche Existenz verstandesmäßig als „Ästhetik" oder Ähnliches zur Kenntnis zu nehmen. Dies führt notwendig nicht in die Musik hinein, sondern nur zur Klassifizierung und einem Urteil über eine gelebte (oder zu lebende) Haltung, der man sich aber selbst entzieht. Vielmehr kann man jener Wirklichkeit nur aktiv mit dem Herzen nachzuspüren versuchen. Indem wir die Musik in uns suchen, unser Sehnen nach ihr bewusst leben, unsere Liebe entfalten, damit sie sich uns als Fundament unserer Kunst mehr und mehr erschließe, gehen wir unseren Weg mit Musik und können dann auch lernen, ihn zu begreifen. Wirklich neuschaffende wie nachschaffende Musiker schöpfen aus dem inneren Erleben. Dadurch bringen sie ihre Kunst hervor.

Doch bedeutet dies nicht, dass man unbedingt Musikerin oder Musiker sein muss, um seinen Weg mit Musik zu gehen, denn dies kann jeder Mensch, ganz den eigenen Veranlagungen entsprechend und selbstverständlich auch dann, wenn man keinem „ausübenden" musikalischen Beruf nachgehen sollte, in dem man davon abhängt, mit Musik sein Geld zu verdienen. Wer selbst ein Instrument spielt oder singt, kann auch jenseits der Bühne und des Leistungsdrucks den eigenen Weg in der Musik aktiv gehen und darin völlig frei sein. Wer

Musik nur hört, kann ebenso in diesem Hören sich ganz den Klängen öffnen und seinen Weg in die Tiefe finden.

Der achtsam gelebte Augenblick ist entscheidend. In ihm wandelt sich die Welt und offenbart sich neu im Licht des Klanges. Jeder Mensch wählt nach Wunsch und Anlage den eigenen Weg, den er zu gehen bereit ist. Und er wählt dabei auch den Grad der Tiefe, sei es bewusst oder unbewusst. Es mag dabei für viele gar nicht erforderlich oder auch nur vorstellbar sein, das Musikerleben so konsequent zu verfolgen wie hier angedeutet und daraus Schlüsse für die eigene künstlerische Praxis zu ziehen. Den meisten Menschen genügt es, Musik als Brücke zu verwenden, um den Kontakt mit ihrem eigenen Innenleben leichter herzustellen, es zu sortieren, den Lärm der äußeren Welt mithilfe der Klänge hinter sich zu lassen und zur Ruhe zu kommen.

Manche Menschen mögen vielleicht ahnen, dass in der Musik noch mehr verborgen liegen könnte, als sie bislang kennengelernt haben. Dann kann, wer dies möchte, sich von einem Satz vertrauensvoll führen lassen, selbst wenn sein Sinn zunächst nicht ganz zu begreifen sein sollte: Musik ist nicht das, was erklingt, denn die Musik liegt hinter den Tönen. Das Erklingende ist nur die sinnlich wahrnehmbare Erscheinung dessen, was im Inneren des Menschen als Musik geboren wird. Solange man sich der Welt der Musik nur öffnet und bereit ist zu hören, kann man sich ohne jede Gefahr einlassen und sich den Klängen ganz hingeben. Die Musik wartet unablässig darauf, die Menschen zu erfüllen, ganz der Bereitschaft gemäß, die sie ihr entgegenbringen. Darauf dürfen sie stets vertrauen ebenso wie auf die Erkenntnis, dass es für Musik ansonsten nichts weiter braucht. Denn die Musik allein genügt.

Literaturverzeichnis

Arnim, Bettine von: *Goethes Briefwechsel mit einem Kinde*, Frankfurt a. M. 1984.

Bauer, Wilhelm A. und Otto Erich Deutsch: *Mozart. Briefe und Aufzeichnungen. Gesamtausgabe*, Kassel 1963

Celibidache, Sergiu: *Über musikalische Phänomenologie*, München 2001.

Fischer, Edwin: *Musikalische Betrachtungen*, Wiesbaden 1959.

Furtwängler, Wilhelm: *Gespräche über Musik*, Zürich u. a. 1949.

Furtwängler, Wilhelm: *Ton und Wort. Aufsätze und Vorträge*, Wiesbaden 1955.

Hauer, Josef Matthias: *Melodie oder Geräusch?*, in: Melos 2 / 5–6 (1921), S. 94–97.

Kabir: *Im Garten der Gottesliebe*, Heidelberg/Leimen 2005.

Müller, Konrad Rufus; Harald Eggebrecht und Wolfgang Schreiber (Hg.): *Sergiu Celibidache*, Bergisch Gladbach 1992.

Paumgartner, Bernhard: *Erinnerungen*, Salzburg 2001.

Pfeiffer, Theodor: *Studien bei Hans von Bülow*, Berlin 1894.

Rumi: *Die Musik, die wir sind*, Freiamt 2009.

Rumi: *Das Eine Lied*, Freiburg 2015.

Wackenroder, Wilhelm: *Werke und Briefe*, Berlin und München 1984.

Wagner, Richard: *Eine Mitteilung an meine Freunde*, in: *Sämtliche Schriften und Dichtungen*, Band 4, Leipzig 1911.

Walter, Bruno: *Von der Musik und vom Musizieren*, Berlin 1986.

Walter, Bruno: *Von den moralischen Kräften der Musik*, Stuttgart 1996.

Weingartner, Felix: *Ratschläge für Aufführungen der Sinfonien von Beethoven*, Leipzig 1906.

HOLLITZER